われわれが災禍を悼むとき

慰霊祭・追悼式の社会学

福田雄

慶應義塾大学出版会

はじめに

事故や病、災害といった諸々の出来事は、それまでの日常生活を一変させ、堪え難い苦しみをわれわれにつきつける。なぜ、苦しまなければならないのか。どうしてこの出来事が、この時、この場所、——そしてよりによって——このわたし（たち）に起きなければならなかったのか。本書は、現代社会がこの問いといかに向き合うことができるのかを考察する。

苦難をめぐる問いについて、従来その意味を提供してきた社会制度は、宗教であったといわれる。たとえば大いなる神の計画がその背後にあるという神学的説明や、あらゆる結果の背後に何らかの原因を措定する思想は、目的や原因を説明することで苦しみと向き合うことを可能とさせてきたとされる。しかし今日少なからぬ人びとは苦難に対し、より合理的かつ実践的な応答を試みるのではないだろうか。科学的に事象のメカニズムを解明し、緩和や治療の方法を見出し、事前対策を講じ、災いを遠ざけようと試みる。そうして望ましい未来を実現しようとすることは、不合理ともいうべき災禍に対する合理的な向き合い方といえるかもしれない。首尾よく遂行されたならば、それは不条理への幾分かの「埋め合わせ」や「慰め」——あれは無意味ではなかったという意味での救い——をもたらすのだから。

果たしてそうなのだろうか。たとえこの苦しみの先に、どれほど有益な結果がもたらされたとしても、どれほど理想的な社会が実現したとしても、この苦しみが起きないことの方が比べるべくもなく望ましかった。一九八一年に出版され、その後ベストセラーとなった『なぜ私だけが苦しむのか』（邦題）の著者はこう述べる。著者のハロルド・クシュナーは、その息子アーロンを早老症で亡くした。ユダヤ教のラビであるクシュナーは、その葛藤を描き出した著作のなかで次のように述べる。

> アーロンの生と死を体験した今、私は以前より感受性の豊かな人間になったし、人の役に立つ司牧者になったし、思いやりのあるカウンセラーになったと思います。でも、もし息子が生き返って私の所に帰ってこれるのなら、そんなものはすべて一瞬のうちに捨ててしまうことでしょう。もし選べるものなら、息子の死の体験によってもたらされた精神的な成長や深さなどいらないから、十五年前に戻って、人を助けたり助けられなかったりのありきたりのラビ、平凡なカウンセラーとして、聡明で元気のいい男の子の父親でいられたら、どんなにいいだろうかと思います。（Kushner 1981=2008: 214-25）

たとえこの苦難の経験が教訓となり、多くの人びとが救われることになったとしても、かけがえのないその人を天秤にかけることなどできはしない。誰もがこのことを痛感しているが、あらためてそう口にする者は少ない。なぜなら起きてしまったことは不可逆であり、そうではない——あるかもしれなかった——未来はもう訪れないからである。解決不能な不条理、筆舌に尽くしがたい痛み苦しみと折り合いをつけることにわれわれは難渋する。苦しみと向き合うことができるその日を——永久に来ないかもしれないその日を——待ち望むこと以外にどのような手立てがありうるというのだろう。苦しみのなかにあってわたしたちができること、そして実際にしばしば行うことの一つは儀礼である。本書はこの儀礼に焦点をあてる。身体を用いる象徴的行為——それが宗教的であれ、世俗的であれ——は、ときに言語化不可能な経験に形を与え、苦しみと対峙する方法を提供する。近年、苦難を主題とし現代社会を考察する研究が社会学や人類学、社会哲学などにみられるが、具体的な行為に着目し展開された議論は決して多くない。本書は主としてスマトラ島沖地震、東日本大震災といった災禍をめぐり執り行われる記念式典をとりあげ、社会学の立場からこの考察を試みる。

以下では簡潔に本書の概要を示す。はじめに「災禍の儀礼」という本書の枠組みを序章で提示する。災禍のあとに行われる儀礼の観察と分析を通じて現代社会における苦難との向き合い方を考察するための視座をここに据え置く。そのうえで第1章および第2章では、スマトラ島沖地震をめぐりインドネシアのアチェで執り行われた記念行事を考察する。そこではあえて

「宗教」という視点から災禍の儀礼を考察することにより社会学の古典的議論と接続させながら現代社会における災禍の儀礼の諸特質に光をあてる。続く第3章での理論的考察を踏まえたうえで、第4章および第5章では東日本大震災をめぐる石巻市や南三陸町での慰霊祭や追悼式をとりあげる。これらの章では二一世紀アジアに生じた二つの津波を対比的に理解することを試み、現代日本における苦しみとの向き合い方を記念行事のなかに考察する。以上の議論を踏まえ、最後に第6章では長崎市の原爆慰霊行事を事例としてとりあげる。スマトラ島沖地震や東日本大震災とは異なり、ここでは半世紀以上にわたる時間軸のなかでその変容を考察する。そして終章では、現代社会における苦しみとの向き合い方を考察するための枠組みの一つとして災禍の儀礼論を展開し、その社会学的意義を確認する。

以上、序章から終章にいたる全八章を通じて本書が明らかにしようと試みるのは次のことである。それは「災禍の儀礼」という枠組みを用いて、災禍をめぐり執り行われる記念行事に着目したときに浮かび上がる、苦しみへの向き合い方の現代的諸特質である。いつ誰にでも起こりうる災禍——その苦難と向き合うための現代社会に通底する理論的かつ実践的な示唆を提示することを本書は試みる。

われわれが災禍を悼むとき　目次

【カバー写真】撮影：著者
【表紙・別丁扉写真】提供：Boogie Desigh

序章　災禍の儀礼の社会学に向けて

1　はじめに

災害や事故、戦争といった出来事と、今日われわれはいかに向き合うことができるのだろうか。原因究明や、発生後の対応の検証、可能な予防策の立案・遂行といった取り組みは、その試みといえるだろう。けれどもこれら現実的な応答にとどまらず——場合によってはこれら以上に重要なものとして——、われわれは儀礼を執り行う。慰霊祭や追悼式、記念式典といった名のもと災禍の発生日ごとに人びとを集め挙行される諸々の儀礼もまた、災禍と向き合うための社会的実践の一つである。本書は、現代社会で広く実践されているこれらの儀礼を社会学の観点から考察する試みである。その際、『ディザスターリチュアル（災禍の儀礼）』（二〇〇三年）[1]と題された一つの共同研究をその足がかりとすることで、これらの儀礼を捉えるための本書の枠組みを構築することを試みる。それは、様々な災禍への社会的応答を取り扱う本書の考察の基礎を形作ることになろう。以下ではまずディザスターリチュアル論を概括する。そのうえで苦難を主題とする社会学的研究とディザスターリチュアル論を接続させることで、本書の学問上の意義を明確にする。最後に本書で取り扱うフィールドの概要を示し、次章以降の事例研究への導入としたい。

2 ディザスターリチュアル論の可能性と課題

「ディザスターリチュアル」と題されたこの共同研究は、典礼学、比較宗教学、宗教心理学といった領域の研究者が集い、現代オランダ社会の災禍のあとにみられる儀礼を調査・考察したものである。(2) 一九九〇年代中頃より、オランダ社会にみられるようになったこの儀礼の諸特質を、主としてフィールドワークや資料収集といった質的調査法を用いて明らかにすることをその目的としている。この「調査報告書」(Post et al. 2002=2003: 18) の副題が「現れつつある儀礼のレパートリーの探求」とされているように、そこでは従来の分析枠組みである宗教や典礼には還元することのできない社会現象として儀礼の形式的特徴が明らかにされる。この調査研究は、全6章によって構成されている。まず「災禍」と「儀礼」という二つの中心概念が規定される。続いて一九九〇年から二〇〇一年までにオランダ国内に生じた災禍が概観され、そこで行われた儀礼の一般的形式が特徴づけられる。さらに三つの事例研究と国外の事例紹介を通じて経験的知見が提示された後、災禍の儀礼の歴史的位置づけが示される。最後に「診断とパースペクティブ」と題してその諸傾向と今後の研究に向けた分析視点が提示される。上記の構成にならい、本章では「ディザスターリチュアル」の概念構成、経験的調査からの知見、そして分析視点という三つのポイントに絞ってこの先駆的研究の成果を吟味し、オランダに限らず日本やインドネシアといった国々の事例を取り扱う本書の視座を明確にする。

「災禍」と「儀礼」という概念の社会的前提

現代オランダのディザスターリチュアルの諸特質を明らかにするこの調査報告書は、「災禍」と「儀礼」という二つの中心概念の作業定義からその探求を始める。共同研究のリーダーであるポール・ポストは、災禍を次の三つの修飾語句によって定義する。災禍とは(1)「深刻で大規模な破壊と人的被害」を生じさせ、(2)個人を超えた集合性によってその経験が特徴づけられるような、(3)「突然の、予期せぬ出来事」である(ibid.: 24–25)[3]。

まずここで注意を向けたいのは、災禍がその物理的要因によっては規定されていない点にある。ポストは「自然災害と、人間によって引き起こされた他の災害を区別することはしない」(ibid.: 26)と述べ、いわゆる「天災」と「人災」という災禍の要素を等閑視する。それはポストが現代西洋社会における災禍を、多かれ少なかれ「マネジメントとテクノロジーによって操作可能な秩序に対する痛ましい襲撃として経験される」(ibid.: 27) 出来事と理解するからである。いかなる自然災害においても、予見可能性や避難方法といった対応の余地によって、その不作為の責任が問われうる今日の状況については、あらためて例をあげるまでもない。生のあらゆる領域を管理と統制の対象と考え、災禍もまた人為的介入によって制御可能(あるいは少なくともその影響を減じることが可能)であるという認識を前提とする限り、純粋な意味で「自然」な災禍は存在しえない。人為性を完全に排除した自然を、今日の社会で想定することが困難である以上、ポストは災禍をその原因やメカニズムではなく、むしろその社会的な側面から規定する。

ではポストにとって災禍のもつ社会的側面とはいかなるものなのだろうか。上記の定義においてポストは災禍という概念を、所与の社会における予期の構造との対比において把握する。典礼学を専門領域とするポストは、中世キリスト教社会における「不測の死 (unforeseen death)」(ibid.: 27) が、ある重要な前提のもとに語られていたと指摘する。災禍などの突然襲いかかる不幸にかんし、当時最も重大な関心事は「終油の秘跡」を受けることができたかどうかという点にあった。息をひきとるまでに、司祭から聖油の塗油と聖体拝領を受け、罪の赦しを得ることが、魂の救いという当時最も重大な問題と結びついていたからである。中世キリスト教社会の災禍が、この一般的に「望ましい」とされる死の迎え方との対比において捉えられる出来事であったのと同様に、現代の災禍も、老衰の末の在宅死や家族に囲まれ老人ホームや病院で息を引き取るといった、あらかじめ期待される望ましい生の終焉との対比のなかで把握されるとポストは述べる。すなわち、ここである出来事を災禍たらしめるのは、生／死にかんする予期の社会構造なのである。

災禍という概念がこのように比較的明確な境界を描き出すのに対して、儀礼という概念は「複数の軌道を重ね合わせた（a double track）」（ibid.: 39）特殊な定義法が導入されている。まず作業定義として儀礼が「本質的に宗教的であるかどうかにかかわらず、多かれ少なかれ固定化され、認識可能で反復可能なかたちにパターン化あるいは方向づけられた象徴的行為」（ibid.: 39）と捉えられたうえで、ディザスターリチュアルに関連すると思われる様々な諸特質（社会的機能や聖なる次元、文脈化や干渉による変化など）が列挙される。骨組みたる簡潔な作業定義を肉付けするこれらの諸特質は、事例調査を踏まえたうえで、「診断とパースペクティブ」と題された最終章で再び言及され、ディザスターリチュアル研究の今後の課題と展望が提示される。

かかる手法でポストが儀礼を開かれた概念として定義するのは、災禍と同様に、儀礼が何らかの客観的要素によってではなく、社会的文脈によってのみ定義することが可能な概念であるからにほかならない。次項にみる通り、オランダの災禍の儀礼に確認される一つ一つの行為とは、人びとが集い、ともに歩き、人の話に耳を傾けるというものである。このほか花を持ち寄る、名を呼ぶといった日常生活にありふれた一つ一つの振る舞いは、災禍という特定の文脈をもつ時間、空間、方向づけのもとで組織されることで儀礼とみなされる行為となる(4)。オランダ特有のディザスターリチュアルとされる「沈黙の行進(5)」という行為様式もまた、一九八〇年代以前には抗議行動などの意味合いをもっていたという。しかし一九九〇年代に災禍と関連づけられるようになって以降この同じ行為様式は、悲嘆を共有し、被害者や遺族への共感を示すための儀礼のレパートリーの一つとみなされるようになったとされる。このように儀礼は、災禍という概念以上に、その行為を儀礼たらしめる社会的文脈に依存する。災禍と儀礼という二つの概念は別個に定義されるのではなく、後者が前者の文脈に依存するがゆえに、儀礼はそれ自体独立したものとして規定されえない。

さらにいえば儀礼概念の開放的な定義は、この共同研究の「探索的性格」(ibid.: 2)とも関連している。ポストらは、ディザスターリチュアルがオランダのドメスティックな文脈で捉え切ることができない現代的な社会現象であり、この探索的研究を受けた比較調査や理論的発展が求められると何度も強調する。こうした研究の性格に鑑みれば、その探求の端緒にあって、あえて焦点を絞ることなく様々な論点を提示することで、学際的な共同研究を成り立たせつつ、様々な分野における仮説の導出や問題の発見を可能とさせるという積極的な意図を読み込むことも可能であろう。だとすれば、ここで提示された数多のパースペクティブのなかから、限定された論点に絞りこみ、異なる文化や地域の事例と対比させつつ精緻な分析を試みることが、ディザスターリチュアル研究を踏まえたうえで取り組むべき比較研究の課題となろう。そこでまずわれわれはポストらが取り扱った事例を次項で概観したうえで、彼らが調査で得た知見と本書独自の経験的データを対比させ、ディザスターリチュアル論を更新しうるような一つの分析観点を提示したいと思う。そうすることで初めて、ポストがあえて未完結なままにとどめた作業定義を踏まえ、災禍の儀礼の諸特質を明らかにする手立てを得ることが期待されるのである。

儀礼の詳細な記述と比較可能性

前項の作業定義から把握されるディザスターリチュアルの一般的形式は、ポストらによれば次のような儀礼のレパートリーである。まず災害直後より記帳所が設置され、ぬいぐるみや写真、花束などが自然発生的に災禍の現場に押し寄せる。その後、遅くとも数週間以内に「沈黙の行進」（注5参照）や追悼式などの儀礼が組織され、その後モニュメントの建立や毎年の記念式典が続いていく。一九九〇年代に一般的なものとなったというこの儀礼のレパートリー[6]を踏まえたうえで、ポストらは災禍のあとにみられる儀礼を個別的に描写していく。そこではそれぞれ異なる観点から三つの事例が検討される。

比較宗教学者のヌグテレンは、アムステルダム郊外ベイルマー地区に墜落した航空機事故をめぐるディザスターリチュアルを描写する。一九九二年にイスラエルの輸送機が墜落した高層アパートは、スリナム・アンティル諸島・ガーナなどからの移民や不法滞在者の集住地域にあった。この墜落事故に続く追悼式典や沈黙の行進は、色彩豊かな服装やドラムを用いた葬送曲といった、「カラフル」な服喪の様式をオランダで初めて可視化したという。テレビ中継された追悼式典は、オランダおよびスリナムで約三五〇万人が視聴したといわれており、こうして多くの人びとの目に映った儀礼の様式は、その後のディザスターリチュアルの「クラシック」（ibid.: 56）な形式として引き継がれていったとされる。

次に典礼学者のポストは、オランダ空軍の国立ブラスバンドを乗せた軍用機墜落事故（一九九六年）を事例としてとりあげる。なかでもポストは、軍主催の追悼式典におけるチャプレンらのスピーチに焦点をあて考察する。式典の参列者は、カトリックのチャプレンやヒューマニスティックアドバイサー（特定のデノミネーションに属さないオランダ軍のチャプレン）による宗教色の薄いスピーチや詩の朗読を好意的に受け止める一方、ときおりアドリブを交えたプロテスタントチャプレンの「説教」には批判的意見を寄せたという。儀礼に対するこの評価は、グレゴリオ聖歌や聖地巡礼といった消費可能な宗教的実践が大衆に受け入れられる一方で、拘束的な教会文化が忌避される「現代社会のトレンド」（ibid.: 238）を反映するとされる。

最後に宗教心理学者のゾンタグは、二〇〇一年元旦未明に起きたフォーレンダムのカフェ火災をとりあげる。他の事例と同様、災禍の概要、その後行われた沈黙の行進、そして記念式典および人びとの反応が詳細に記述されていく。災禍へのコーピングという観点から分析した結果、ゾンタグはディザスターリチュアルが、人びとを災禍と向き合わせ、社会的承認をもたらし、苦難を解釈するためのナラティブを提供するという重要な社会―心理上の役割を果たしたと結論づける。

この共同研究全体を通じて最も実り多き成果は、この「探索的・記述的・経験的フェーズ」(ibid.: 18) にある。そこでは災禍の儀礼を構成する諸要素、すなわち参加者の属性、儀礼の舞台の描写、諸々の儀礼様式およびスピーチの内容に至るまでが、極めて詳細に記述される[7]。ある評者は、この共同研究が不必要に「詳細すぎる」と指摘するが (Brierley 2010: 119)、それは欠点などではなく、むしろディザスターリチュアル研究を推し進めるにあたって欠くことのできないリソースの開示として高く評価されるべきであろう。とりわけ「特権的な一次資料」(Post et al. 2002=2003: 17) として位置づけられる、式辞や説教といった発話行為の多くが文字起こしされ、二次分析への可能性を開いている点は特筆に値する。

この共同研究が国際的な比較研究への可能性をもつとすれば、それは英語版の出版に際し付け足された国外の災禍にかんするエッセイにではなく、むしろ「他に代え難い第一の情報源」(ibid.: 17) として儀礼の内容を詳細に開示している点にこそある。この点を踏まえれば、ディザスターリチュアル論を、オランダのドメスティックな領域を超えて、現代社会に通底する「災禍の儀礼」論へと展開していくにあたって、その方向性は自ずと明確である。それはこの共同研究で提示された、儀礼の詳細な行為形式、方向、語りなどを、その同じ枠組みのもとで捉えられる他の事例と対比させながら、考察していくことである。次章以降、われわれは、ディザスターリチュアル論が記述したこの経験的知見に何度も立ち戻りつつ、フィールドワークによって得られたデータと突き合わせて考察を展開することとなる。その際、いかなる観点から分析することで、災禍のあとに行われる儀礼の現代的特質が明らかになるのか。これを次項で考察する。

諸々の論点とパースペクティブ――苦難へのコーピング

「多義性と複層性」(ibid.: 46) は、この共同研究のなかで幾度も強調されるディザスターリチュアルの特質である。災禍は、ときに全く異なる背景をもつ諸個人の生を同時に一瞬にして奪い去り、その結果として遺族や生存者のもつ背景も多岐にわたる。ポストによればディザスターリチュアルは、その出来事に関係する多種多様な諸個人がともに実践することができるよう組み立てられており、それは一方では「開放性」、他方では「捉えどころのなさ」(ibid.) ともなると指摘される。

しかしこの多義性は同時に、分析する焦点が拡散してしまうという研究上の難点とも結びつく。儀礼の概念定義にあたって、ポストらが様々な論点やパースペクティブを抑制することなく列挙していることはすでに述べた(8)。先述した通り、そこにはこの目新しい現象にできるだけ多様な立場からのアプローチを可能とさせる工夫が反映されていると思われる。しかしこの意図は他方で、各々の論点やパースペクティブの分析が不十分な水準にとどまるという課題とも結びついている。探索的研究においては許容可能なこの課題を踏まえたうえで、ドメスティックな領域を超えて現代社会の様々な事例と比較考察する災禍の儀礼論へと展開させる際の分析観点とはいかなるものだろうか。

本書はディザスターリチュアル論全体を通じて様々な形で言及される一つの観点に注目する。それは「儀礼を通じた苦難への対処（コーピング）」（ibid.: 29）である。「おお神よ、なぜですか」（ibid.: 91）、「よりによってなぜわたしの息子、わたしの娘なのでしょうか」（ibid.: 106）、「なぜこれが彼らに起こらなければならなかったのか」（ibid.: 105）。ディザスターリチュアルのなかで人びとは苦しみの意味を問い、答えに窮する。答えの見出すことができないこれらの問いとともに、ディザスターリチュアルの語り手は人間の無力さ、人生の儚さを強調する。ポストによればディザスターリチュアルとは、儀礼を通じて苦難の意味を問うとともに、「わたしにも起きていたかもしれない」という「生の偶然性」（ibid.: 243）をともに承認する場なのである。

ポストらが多大なる関心を向けながらも、経験的データによってその含意が十分に論じられることはない、この苦しみへの応答という論点に、本書は分析の焦点を定める。それはこの視点が宗教社会学のみならず社会学という学問的営為が推し進められるにあたって重要な役割を果たしてきたという認識に基づく。災禍の儀礼の社会学的探求を始めるにあたって、最後にこの苦難へのコーピングという視点から、社会学の諸研究を捉え直し、この探求によっていかなる含意を引き出すことが可能なのかを示す。

3　ディザスターリチュアル論から災禍の儀礼の社会学へ

社会学にとって、苦難という主題はその営為を駆動するための主たる動因であったと近年指摘されている。エミール・デュルケーム死没九〇年を記念する論集 *Suffering and Evil: The Durkheimian Legacy* は、『自殺論』や『宗教生活の基本形態』ならびに、デュルケーム門下のロベール・エルツらの諸研究を、苦難という観点から捉え返そうと試みた共同研究の成果である。たとえば『自殺論』は、デュルケームが近代社会特有の苦難として自殺という社会病理をとりあげ、社会学の立場から「診断」と「処方箋」という形で応答を試みた実践的研究として位置づけられる（Jankélévitch 2012）。このほかマックス・ヴェーバーやカール・マルクスらの研究を苦難という観点から読み直そうという試み（Morgan and Wilkinson 2001, Wilkinson 2005, Fuller 2011）、あるいはアメリカ社会学史を神義論という観点からあとづける研究もまた、苦難の社会学の系譜に位置づけられよう。アメリカ社会学黎明期に焦点をあてたヴィディッチとライマンによる学説研究は、その多くが牧師子弟であった草創期の社会学者たちが、「約束の地」に依然として存在する様々な社会問題（差別や格差など）に世俗的な説明を与えようとする試みとしてアメリカ社会学史を描き出す。すなわちアメリカ社会学は、宗教的な弁神論（theodicy）ならぬ、弁社会論（sociodicy）的営為として展開した学問としてあとづけられるのである（Vidich and Lyman 1985: 281-82）。かかる観点からすれば、苦難という主題は「ほとんどつねに社会学的研究のトピックのうちに潜在していた」（Wilkinson 2005: 2）のであり、この苦難の原因と結果を世俗的に明らかにする試みとして社会学的営為が位置づけられる。

なかでもヴェーバーは、苦難の神義論という分析概念を用いて、様々な宗教のなかに苦しみへの応答を考察した苦難の社会学的研究の嚆矢として位置づけられる。ヴェーバーによれば、いくつかの宗教思想は苦難の原因や目的をめぐる問いに対して論理的に首尾一貫した応答を提示してきた。それは過去の罪過のなかに苦しみの原因をもとめるインド思想の業《カルマ》、善悪の二項対立（そして善の最終的な勝利）という世界観のなかに苦しみを位置づけるゾロアスター教の二元論、そして宿命論のなかで苦しみの意味づけさえ無効とするキリスト教の予定説である。苦難の意味への要求に対して一定の答えを供給していたこれらの宗教思想はしかしながら、世界観の合理化とともに、因果律による還元主義的世界観に替わり非合理的な領域へ押しやられるようになったという。科学的な世界観は人びとが埋め込まれていた意味世界からかれらを脱出させるかぎりにおいて、まさにそうであるがゆえに、意味喪失という帰結をもたらしたとヴェーバーはいう。それまで哲学者や神学者によって議論されてきたキリスト教の弁神論を、社会学的な分析概念として提示したヴェーバーの研究は、その理論的射程が現代社会をも捉えうるがゆえに、苦難の社会学の先駆的研究としてつねに言及される。

一方、このヴェーバーの関心に基づきながら、人間社会に通底する普遍的概念としてより広く神義論を捉えたのが、ピーター・バーガーの「聖なる天蓋」論である。ヴェーバーの神義論が宗教的知識人層による苦難の知的合理化を指していたのに対し、バーガーは日常的な文脈をも含む苦難の馴致の社会的過程に焦点をあてる。(9) バーガーは宗教や日常生活の文脈だけでなく近代国家のなかにも、苦難に意味を賦与し「正しく」苦しむことを可能たらしめる、個人に超越した秩序原理《ノモス》を見出す。国民という近代的理念を介して死や苦しみを「犠牲」へと昇華させる――ナショナリズム論とも通底する――このバーガーの視点は、世俗的な近代社会においても宗教と同様の信憑構造をもつ天蓋が苦難から諸個人を守っていることを示唆する。

以上みてきたように苦難は、古典とされる社会学の諸研究に、重要な位置を占め続けてきた主題である。本書は古くから主題とされてきたこの苦難への応答という社会学的課題を災禍の儀礼という現代的事象のなかに考察することを意図する。苦難への応答という観点から社会学の古典的研究を読み直そうという先行研究はあるものの、同様の関心から一次データを分析した研究はほとんどない。(10) この点から本書は、宗教社会学ひいては社会学という営為に対して、経験的な知見に基づいた含意を提示することになろう。ただし本書は、次の三点においてこれまでの社会学的諸研究とは異なるアプローチから苦難への応答を描き出す。

まず第一に、本書はアジアにおける苦難への応答のあり方を考察対象とする。これまで述べてきた苦難の社会学的研究は、近代社会に先行する時代において苦しみへ応答してきたのは宗教、なかんずく西洋キリスト教であったという暗黙の前提を背景とする。ヴェーバーやデュルケームなど、その学問的基礎を築いた社会学者の誰もがその関心を宗教に注いだことは広く知られている。それは近代ヨーロッパ社会に生きた彼らの自己理解が、それに先立つ時代の社会秩序、すなわち西洋キリスト教という社会制度との対比によって試みられてきたからである。「社会学の父」と呼ばれるオーギュスト・コントの実証主義が、「カトリシズム・マイナス・キリスト教」(Huxley 1893: 1: 156) と評された通り、社会学はその誕生よりすでに宗教との対比において捉えられる学問的営為であった。「神なき神学」として近代ヨーロッパに発展した社会学が、その時代状況における最もアクチュアルな問題として、宗教的影響力の衰退という問題を取り扱ったのは必然である。しかしながら近代という時代認識を批判的に理解しようと試みた社会学は、カトリシズムをモデルとするがゆえに、ヨーロッパ・キリスト教的な射程のなかで議論が展開されることが不可避だった。

この点にかんして社会学者の三木英は、宗教社会学の一大パラダイムであった「世俗化」概念を整理・検討したうえで、宗教死滅を意味する世俗化論および宗教不滅を主張する反世俗化論がともに、「ヨーロッパ・キリスト教」的なチャーチという制度を起点とする議論であると指摘する (三木 1985: 102-3)。チャーチという個別具体的な制度を背景として論じられた世俗化という社会理論は、それゆえ近代ヨーロッパ以外の地域に安易に適用してはならない。この問題意識のもと三木は、その後の研究として、一方では「あらゆる宗教集団の始点」であり、それゆえ「キリスト教文化の束縛から自由」（三木 2014: 33–4）なカルト集団に焦点を定めた比較研究へ、他方では現代日本の災害をめぐる祭りや行事の連帯機能に着目した研究（三木 1999, 三木編 2001, 三木 2015）へ展開することで、ヨーロッパ・キリスト教という桎梏から逃れうる宗教社会学的研究を模索する。本書のアプローチをこの三木の研究との対比で特徴づけるならば、本書は主として自治体や市民団体が主催する公共的かつ開放的な災禍の儀礼を取り扱うことで、カルト集団と比べより一般的な次元に焦点をあてながら考察する点に特徴がある。さらにキリスト教文化圏（オランダ）、イスラーム文化圏（インドネシア）、そして現代日本の災禍の儀礼をとりあげることで、主として阪神淡路大震災を事例として考察した三木の研究に欠けていた共時的な比較分析を試みる。そうすることで本書は、これらの研究に多くを負いつつも、災禍の儀礼という現象のなかに現代社会に通底する苦難へのコーピングのあり方を考察し、宗教社会学における理論的なインプリケーションを提示していきたい。

本書のアプローチを特徴づける第二の点は、宗教やナショナリズムとは異なる形で、苦難へのコーピングを考察する点にある。先述した通り、苦難の意味づけという枠組みのもとでなされてきた従来の研究は、一方が宗教的な神義論、他方がナショナリズム論という観点からその応答を考察してきた。しかしながら、前者における天罰論や宿命論といった宗教的な苦難の説明をとりわけ現代日本のような宗教離れが進む社会の分析に適用することは困難であるといわざるをえない。また後者のナショナリズム論が苦難を意味づけることができたのは、国民国家間の総力戦という極めて特殊な歴史状況に条件づけられていた。「国民」という近代概念を介することによってのみ、国家は諸個人に死を命じることができ、この理想に参与させることによって、ナショナリズムは宗教と同様に「偶然性」（Anderson 1991=2007: 33）を有意味なものへと変換することができたのである。[11] ただし宗教、ナショナリズムといった世界観の自明性がしばしば問い直される今日、苦難といかに向き合うかという問題は容易に答えられるものではない。本書は、現代社会における苦難への応答という問題について、災禍の儀礼という概念を通じて社会学的に考察することを試み、これらの回路とは異なる苦難との向き合い方を示すことを試みる。

　最後に第三点目として、本書は苦難と向き合う際の諸実践に着目する。苦難をめぐる「なぜ」という問いに答える意味の体系として、われわれは宗教的弁神論ならびに世俗的弁社会論という苦難の社会学の系譜をみてきた。けれども不条理を飼いならす「意味のシステム」として宗教をみるヴェーバーやバーガーらの研究によっては捉えきれない苦難のコーピングの次元があると、社会学者の大村英昭は指摘する。意味なしには生きることができない――逆にいえば意味さえあればいかなる苦難も生きることができる――という人間学的性質を認めたうえで、この「神義論（→意味）上の問題を効果的に止揚する（事実上棚上げする）」（大村 1990: 160）回路として大村は神秘主義をあげる。「何らかの神聖な力または存在との合体がもつ圧倒的現実《リアリティ》」（前掲）は、しばしば苦難をめぐる意味論的アノミーを乗り越えさせるというのである。ここで「合体」というとき、大村が意味するのは観念論的なそれというよりはむしろ「行ないあるいは振る舞い」（大村 1987: 94–95）といった実践の領域を指す。それは反教団・反儀礼・反習俗を標榜する近代主義、あるいは（大村自身の宗門である浄土真宗もこの意味で類似する）プロテスタンティズムの強調する「中身（ないし意味《こころ》）」と対比される、「表現（ないし身体《ふり》）」（前掲：95）やプラクシスの次元である。

行為をその意味ではなく、その身体的実践そのものとしてみることの意義について、宗教学者の池上良正は、「慰霊と追悼」という特集が組まれた『現代宗教２００６』の鼎談で次のように述べる。

死をめぐるこういう話は観念的になりがちなのですが、お線香を立てること、四国を歩くことといった実践の大切さを忘れてはならない。私自身も昨年、急病で妻に先立たれ、秋にはその供養も兼ねて四国八十八ヶ所をすべて巡り終えて成満するという体験を持ちました。これまでも四国遍路には行っていたのですが、昨年の遍路には、まったく違った充実感がありました。ただ、何が充実していたかというと、よく分からない。供養のためだけに歩くという実践そのものがどんな時間にも増して充実していた、という不思議な感じでした。これによって妻が成仏したのか、霊魂がどうなったのか、などと聞かれても答えられないし、あまり関心もない。「奥さんと一緒に歩いていた気がしたでしょう？」などと聞かれる方もおられますが、まったくそんな感じもなかった。ただ歩き、供養の札を納めていくことで、ひとつひとつ積上ってくる実践の重さなのです。「供養とはこういうことなのか」と身をもって分かったような気がしました。お線香一本立てる行為の重要さ、般若心経を唱える行為の重要さ――死者の存在感というものは、そういう行為を通してはじめて出てくる。（末木・池上・島薗 2006: 28–29）

ここで池上は、「拝むという実践こそが重要だったのです」と強調し、慰霊や追悼、あるいは供養という語を何らかの観念や意味としてではなく、行為あるいは実践それ自体として取り扱う方向性を示唆する。災害の現場などで手を合わせるとき、どれだけの人がその行為の意味について言語化しその理路を説明することができるだろうか。宗教学者の柳川啓一が「信仰なき宗教」と形容した通り（柳川 1991）、現代日本の苦難をめぐる行為は、その「中身」＝「信仰の体系」に還元することができない、実践のリアリティに根ざす側面が小さくない。本書が神義論――それは全知全能かつ慈悲深い神の属性と矛盾することなく悪を説明するための神学的言説の体系であり、民衆のリアリティと乖離することも珍しくない――ではなく、苦難へのコーピングという人間の実存的リアリティと結びついた概念を用いるのはこの文脈においてである。本書は、苦難をめぐる意味の体系という視点を確保しながらも、それと同時にしばしば近代人が囚われる「意味の病」から逃れうる実践の可能性を、災禍の儀礼のなかに見出すことを試みる。

4　現代社会の苦難へのコーピングの比較考察に向けて

本章では、オランダの災禍に焦点をあてたディザスターリチュアル研究をみてきた。その際、災禍と儀礼の概念構成、フィールドからの経験的知見、そしてその分析の観点という三つに注目して、この先駆的研究の知見と可能性、そして課題を明らかにしてきた。はじめに、ディザスターリチュアルを構成する災禍と儀礼というそれぞれの概念の社会的基礎づけを確認した。次にディザスターリチュアルの経験的知見に目を向け、従来のオランダ社会における主流文化や宗教的伝統の枠組みによっては捉えきれないような現代的形式を認めた。ここで詳細に記述された儀礼はまた、同様の概念で捉えられる他の文化圏における儀礼との比較可能性を示唆していた。そしてこの詳細に記述された儀礼を苦難へのコーピングという観点から比較分析していくことが今後の課題として明確にされた。次にディザスターリチュアル論から析出されたこの観点を、社会学の古典的主題である苦難と接続させ、その学問上の意義を確認した。そのうえで本書の特徴として、災禍をめぐる苦難の社会的経験にかんして、現代アジアをフィールドとし、宗教やナショナリズムには必ずしも還元されない具体的な諸実践に分析の射程を定めることをあげた。これらを踏まえ、次章以降、具体的な事例をとりあげながら現代社会における苦難へのコーピングの諸特質を明らかにしていきたい。それに先立ち、以下では本書で取り扱う各フィールドと災禍の概要を示しその導入としたい。

インドネシア共和国アチェ州（スマトラ島沖地震、二〇〇四年）

本書がまずとりあげるのは、スマトラ島沖地震（二〇〇四年）の最大の被災地であるインドネシアのアチェ州である。アチェは北をマラッカ海峡、西をインド洋に面するインドネシア共和国最西端の州である。東北地方よりもやや小さいほどの面積に居住する約四五〇万人のうち、その八割から九割をアチェ人というエスニックグループが占めている（インドネシア中央統計局 2011）。その多くが稲作や漁業など一次産業に従事しており、胡椒・コーヒー・ゴム・タバコなどの換金作物の農業も盛んである。とりわけ胡椒は、一九世紀前半には全世界の半数以上を生産していた時期もあるほどの名産地である。アチェはまた、天然ガスや石油などの天然資源も豊富である。その不平等な利益配分がインドネシア政府との三〇年にわたる内戦の一因となった。豊かな自然に恵まれるアチェは、その一方で火の輪 *cincin api* と呼ばれる最も火山・地震活動が活発な地域のなかに位置しており、これまでにも大津波に襲われてきたことが地質調査によって明らかにされている。二〇〇四年一二月二六日、ナングロ・アチェ・ダルサラーム州（現在のアチェ州）の州都バンダ・アチェ市沖合で発生した地震もまた、インド・オーストラリアプレートとスンダプレートとの境界を震源地としたものだった。クリスマスの翌日に発生した地震による津波は、インド洋沿岸部に二〇万人以上の死者・行方不明者をもたらした。なかでもバンダ・アチェ市では被災前人口二二万人のうちの約三割が犠牲者となったといわれる。

しかしアチェは、これらの地政学的な特性以上に、東南アジアにおける最初のイスラム君主国家が誕生した地として最もよく知られている。国王が改宗し、最初のスルタン国パサイが現在の北アチェ県に生まれたのは一三世紀のことである。その後一六世紀にはクタラジャ（現在のバンダ・アチェ市）を王都とするアチェ王国がスマトラ島北部を支配するようになり、その圏域はマラッカ海峡対岸のマレーシア地域にまで及んだ。胡椒や金の輸出によって発展したこの海洋交易国家は、アラブ地域から東南アジア地域への玄関口、東南アジアからアラブ地域への船出の地として多くのウラマー（イスラーム法学者）を集めた。こうしてイスラム教学の中心地となっていったアチェは、次第に「メッカのベランダ *Serambi Makkah*」と呼ばれるようになる。すなわちアチェは、世界的なウンマ（イスラム共同体）のなかにあって、メッカの一部とみなされるほどに重要な宗教的アイデンティティを得たのである。

アチェ最大のエスニックグループであるアチェ人にとって、「敬虔なムスリム」というアイデンティティは、オランダに対する抵抗や、第二次世界大戦後の植民地からの独立、そしてインドネシアからの分離独立を求めた内戦など、よそ者にたいする闘争史の通奏低音であり続けた。この「強く敬虔なアチェ人」というエスニックアイデンティティは、世界最大のイスラム人口を数えるインドネシアのなかで唯一、イスラーム法 *Sharī'a* を自治法とする特別州とアチェがなりえた背景の一部となっている。そしてこの歴史的文脈はまた、なぜよりによって、東南アジア地域において最も敬虔なムスリムが住む「メッカのベランダ」が、人類史に残る大津波に襲われなければならなかったのかという問いと人びとを向き合わせしめたのである。第1章および第2章でとりあげるバンダ・アチェ市における津波の語りや教説は、かかる背景と苦難という主題との関連のなかで検討される。

宮城県石巻市および南三陸町（東日本大震災、二〇一一年）

第4章および第5章で検討する事例は宮城県沿岸部の二つの自治体、すなわち石巻市と南三陸町における東日本大震災をめぐる記念行事である。それぞれ東日本大震災後、最も支援やボランティアを集めた自治体の一つとなった。以下では簡潔ではあるがその被害の概要を記しておきたい。

石巻市は平成一七年に桃生町、河南町、河北町、北上町、雄勝町、そして牡鹿町と合併し、県内第二の人口を誇る広域都市となった。東日本大震災の被災自治体のなかで最も多数の犠牲者を出した地域である。震災前の二〇一一年二月末における石巻市の人口一六万二八二二人のうち、二〇一一年六月時点における死者・行方不明者は関連死を含め約四〇〇〇人近くにものぼった（石巻市 2017）。その被害の大きさもさることながら、被災地のなかでは比較的アクセスが容易な立地であったために、石巻市は様々なメディアによる報道やボランティア活動が最も集中した自治体の一つであった。明治および昭和の三陸沖地震でも、特にリアス式海岸を有する山地部の雄勝町や北上町などは、たびたび大津波の被害を被ってきた。しかし東日本大震災では仙台湾に面する平地部においても甚大な人的被害が発生することとなった。

他方の南三陸町は二〇〇五年に旧志津川町と旧歌津町が合併して生まれた、東部を太平洋に面し、残り三方を山に囲まれた町である。志津川、戸倉、入谷、歌津という四つの地域からなるこの町は、かつて山間部で養蚕業が盛んであったが、現在はリアス式海岸で行われる漁業のほか林業も熱心に取り組まれている。他の東北沿岸部と同様に、南三陸町はこれまで明治、昭和、そして一九六〇年のチリ地震津波と、周期的に津波の影響を受けてきた。とりわけ二〇一一年の東日本大震災においては甚大な人的被害を被ることとなった。町民一万七六六六人（二〇一一年二月末時点、南三陸町ホームページ）のうち、死者五六五名、行方不明者二八〇名（二〇一三年三月一一日時点、消防庁災害対策本部）とほぼ二〇人に一人の命が三月一一日の津波によって失われた。とりわけ湾の最も奥にあたる志津川町は津波の高さが一五〜一六メートルに達し、役場や病院など公共施設や住宅が密集する広い平地が壊滅的打撃を受けた。志津川町の海岸から約四〇〇メートルの場所にあった南三陸町の防災対策庁舎は、最もよく知られる津波遺構としてその破壊の凄まじさを物語る。

宮城県では、二〇〇〇年に国の地震調査研究推進本部が発表した宮城県沖地震の長期評価(「今後三〇年以内に地震が発生する確率が九九％」宮城県総務部危機対策課 2015: 68)を受け、少なからぬ切迫感をもって事前対策が講じられてきた。県北の沿岸諸地域は、明治および昭和三陸津波、そしてチリ地震の被害を受けてきた津波常襲地であり、二〇〇四年のスマトラ島沖地震襲来時に津波を指す言葉さえなかったアチェと比べれば、「予期」の度合いは高かったといえる。しかしそれでもなお、あらゆる側面において想定された規模を超えた東日本大震災は、「なぜ」という苦しみをめぐる問いを少なからぬ人びとに突きつけるものだった。あの時にたった一言「逃げろ」と声をかけることができたなら、もしあの日海沿いではなく山間部の仕事を引き受けていたならば、もしあの時自宅に引き返していなければ……。様々な「もし」が人びとのその後の生を分け隔てた。彼がわたしであったかもしれず、またわたしが彼女であったかもしれない。老若男女の別にかかわらず、あの津波は多くの命を奪い、多くの生が損なわれた。どうしてこのような不幸が起こらなければならないのか。苦しみをめぐるこの問いと人びとはいかに向き合うことが可能なのかを、主として震災一年目から三年目に行われた記念行事を事例としてとりあげ、そこでの儀礼や語りに着目しながら考察することを試みる。

長崎市（原子爆弾、一九四五年）

最後にとりあげるのは長崎市の原爆慰霊行事である。一九四五年八月九日に米軍機が投下した原子爆弾は、一瞬にして七万人もの命を奪い去った。原子爆弾はまたその後も長年にわたる後障害をもたらし、生活上の苦しみを与え続けている。死者や被爆者には朝鮮半島出身者や外国人捕虜も含まれており、その苦しみを境界づけられた集団の被害へと矮小化することはできない。しかしそれでもなお、長崎に投下された爆弾によって壊滅的な被害を受けたコミュニティの一つとして、浦上のカトリック信者と彼らの苦難への向き合い方をとりあげないわけにはいかない。ここに本書の取り扱う最も重要な問題が含まれているからである。

中心市街地が壊滅的被害を受けた広島市と違い、長崎市の中心市街地は海沿いの集落とを区切る山陰に守られ比較的多くの建物が倒壊することなく残された。その一方で、爆心地となった浦上川流域の地域は浦上天主堂をはじめ、あらゆる構造物があとかたもなく焼き崩れている。浦上は原爆の最も深刻な物理的被害を被った地域であった。四條知恵によれば、浦上の苦しみは様々な背景のもとに理解されるべき、より歴史的・社会的なものであった。一六世紀より、キリシタンの集落であった浦上は、二五〇年にわたる迫害と弾圧の間も信仰を保ち続けてきた。一九二〇年代以降、三菱系の工場や新興住宅地の建設が進んだが、それでもなお原爆投下時の居住者の大半はカトリック教徒によって占められていた。明治に入って禁制がとかれたのちも、旧市街地と区別される浦上のカトリック信者は差別と偏見にさらされ社会的に排除されてきた。そのような苦難にあっても信仰を保ち結束して生活を営んできた浦上のカトリック信者一万二〇〇〇人のうち、実に八五〇〇人が命を奪われたという事実は、彼らに苦しみの意味をめぐる問いをつきつけた。これまでの辛苦に増し加え、神はなにゆえこのわたしたちに耐え難い苦しみを与え給うたのか。この原爆はこの「わたしたち」カトリック信者のなかにも亀裂を生じさせるものだったと四條は述べる。ある家は被害を免れ、ある家は一家全滅の憂き目に遭った。ここにはいかなる神の意志がありうるのか。生き残った者はよりよい信仰をもった善人であり、亡くなった人はその罪ゆえ罰せられたというのだろうか。それまで身を寄せ合ってきた浦上のカトリックコミュニティの内部にあってさえそのような分断が生じていたと四條はいう（四條 2015）。

浦上天主堂跡での追悼ミサで浦上のカトリック信者に語った永井隆の「燔祭説」は、そのような文脈のもとに位置づけられる。ベストセラーともなった『長崎の鐘』にも登場するこの原爆の解釈は次の三点にまとめられる。それは原爆投下が神の「摂理」のなかで起こった出来事であるということ、そこで命を落とした信者たちは罰せられたのではなく「汚れなき羔」として神に捧げられた「犠牲」であったこと、そして生き残った者たちは「試練」としてこれを感謝をもって受け止めることの三つである（高橋 1994）。カトリック信者に向けられたこの言説には、国家や加害国の責任から目を背け、現状を正当化するものであるとして、のちにいくつかの批判が寄せられている（井上 1987, 高橋 1994）[(12)]。これら燔祭説批判に対してカトリックの側からは、浦上のカトリックコミュニティの当時の文脈、そして過去の迫害や差別の歴史的背景に即して理解すべきという反論が出されている（片岡 1996, 本島 2000）。[13]

この燔祭説にかんし宗教学者の西村明や四條知恵の研究には、本書の問題関心に照らし合わせるかぎりにおいて注目すべき点がある。それはこの燔祭説が、原爆によってもたらされた、死者と残された者の苦しみを、運命づけられたものとして決定論的に捉えるというよりは、むしろそれを神の「御栄」たらしめるのは残された信者たちの行為にかかっていると強調する点である。西村によれば、それは「天譴」でも「恩寵」でもなく、[14]原爆を試練として受け止め「再建と復興へと導」（西村 2012: 196）くことで生かされる、そのような行為を促す語りとして理解される。こうした観点からすれば、永井隆の燔祭説は、「現在の苦難と、耐え難い肉親の死の双方に意味を与えることで、ちりぢりに崩れ去りそうになっていた浦上のきずなを強め」（四條 2015: 153）るとともに、そうして亡くなった人びとの「せっかくの犠牲を犬死にに終わらせ」（片岡 1961: 196–97）ないために遂行された語りとして位置づけられる。[15]ここでは浦上という爆心地のコミュニティにおいて、苦難の意味をめぐる問いがあったこと、それに対してカトリックの教理を創造的に援用した燔祭説が語られたこと、それはまた信者たちの今後の行為によって災禍の真の意味がもたらされるものとして語られたことを確認するにとどめておく。浦上のカトリックコミュニティのなかにあった苦難の意味づけと実践を伴う苦難への動態的な応答にかんする含意を念頭においたうえで、第6章では浦上にとどまらない全市的な原爆慰霊行事のなかでいかなる苦しみとの向き合い方が見出されるのかを明らかにする。

第1章　苦難へのコーピングと宗教

1　「なぜ」をめぐる問いと災禍の宗教的意味づけ

オランダの事例研究に基づいたディザスターリチュアル論を検討した結果、明確にされた論点の一つは、災禍という概念が、ある社会で予期される生／死との対比のなかで把握されることだった。この先も続くと思われた日常生活、人間関係、思い描いていた将来が、予期せぬ出来事によって損なわれ失われるとき、しばしばわれわれは問う。なぜよりによってこのわたしがこのような目に合わなければならないのか、なぜ愛する彼（女）が死ななければならなかったのか、あるいはなぜわたし（たち）は生き残ってしまったのだろうか。災禍のもたらす苦難へのコーピングとは、この予期せぬ苦しみのなかに意味を模索する試みを含意している。様々な時代や文化を通じて問われ続けてきたこの実存的な問いにかんし、その目的や原因を説明することで意味を提供してきた社会制度の一つが宗教にほかならない。二〇〇七年にアメリカ人ジャーナリストGary Sternによって書かれたインタビュー集、『*Can God Intervene?*（神はいかに介入するか）』は、スマトラ島沖地震（二〇〇四年）やハリケーン・カトリーナ（二〇〇五年）といった災禍に際し発せられる「なぜ」という問いについて、ユダヤ教・キリスト教（カトリック・プロテスタント）・イスラーム・ヒンズー教・仏教といった諸宗教の指導者や知識人の宗教的応答を明らかにする。Sternによれば、ユダヤ教やキリスト教の指導者は概ね全知全能かつ慈悲深い神を前提として災禍の意味を解き明かす一方、ヒンドゥー教や仏教の指導者はあくまで因果応報説によって災禍の原因を説明したという。それは少なくとも現代アメリカ社会において、宗教は災禍をめぐる「なぜ」という問いへの答えを供し続けていることを示している。

しかしわれわれは対面的なインタビューのなかで語られるこれら災禍の宗教的説明と、本書の考察対象である災禍の儀礼における宗教的意味づけを、同じ水準で扱うわけにはいかない。災禍の儀礼は、特定の宗教的信念を共有する集団や対面的関係を超えて、多様な背景をもつ参加者や当事者に開かれた実践として特徴づけられる。オランダの事例がそうであるように、現代社会の災禍の儀礼は、テレビやインターネットを通じて不特定多数の人びとが同時に参加・視聴・消費可能なメディア環境を前提として行われる。災禍の儀礼は、その社会を構成する多様な諸個人や諸集団がともに集い、「われわれ」のものとして執り行う点にこそ、その社会的意義があるのであって——そうでなければ各々の宗教やエスニックグループごとの記念行事、あるいは各家庭ごとの葬送儀礼等で事足りよう――、相対的に閉じられた関係のなかで語られる災禍の宗教的説明とは区別して考える必要がある。

　ではインタビュー集にみられるものとは異なり、オランダの災禍の儀礼において宗教者はいかなる形で災禍を意味づけるのだろうか。災禍の儀礼のなかに宗教をいかに取り入れるかという問題については、さしあたっては二通りの方法が想定可能である。第一は宗教的な多元性を儀礼のなかにできるだけ平等に反映するというもの、第二は特定の宗教に還元されることのない「無宗教」的な儀礼のみによって災禍の儀礼を構成するというものである。次節にみる通りオランダの災禍の儀礼は前者、のちほど本書でとりあげる現代日本の慰霊祭・追悼式は後者である。追ってわれわれは、これら二つの方法を捉え返すための特徴的事例をみることになるが、ここではまずオランダのディザスターリチュアルのなかで宗教者が災禍にいかなる宗教的な意味を与えているのかを検討しよう。そうしてポストらの共同研究における宗教者による災禍の意味づけのあり方をみたうえで、その後スマトラ島沖地震最大の被災地であるインドネシア、バンダ・アチェ市における宗教者の言説を検討することで、現代社会における苦難へのコーピングと宗教の関係について考察してみたい。

2　ディザスターリチュアル論における災禍と宗教

まず本節では、ポストらの共同研究が描写する現代オランダの災禍の儀礼における、宗教者の関与と彼らのスピーチに焦点をあてる。現代オランダの災禍のあとに行われる儀礼では、政府や自治体の代表者のほか、多くの場合複数の聖職者がスピーチを行うことが通例となっている。たとえばオランダ空軍の国立ブラスバンドを乗せた軍用機墜落事故をめぐりアイントホーフェンで行われた追悼式典（一九九六年、序章参照）をみてみよう。そこでは、軍に所属するカトリックおよびプロテスタントのチャプレン、そしてヒューマニスティックアドバイザー――特定の宗教に属さない人のためのスピリチュアルケアを施すチャプレン――がそれぞれスピーチの機会を割り当てられている。まず壇上に立ったヒューマニスティックアドバイザーは、簡潔な、しかし「人びとに深い印象を与える」（Post et al. 2002=2003: 108）詩を朗読した(1)。次に登壇したカトリックのチャプレンの式辞は、悲嘆に打ちひしがれる遺族を代弁し「なぜこれが起こらなければならなかったのか」（ibid.: 105）と問い、旧約聖書の一節(2)を読み上げながら、生の儚さを憂いた。ただしスピーチのなかで災禍の宗教的意味は語られず、ただ残された人びとに慰めが与えられるよう祈りが捧げられた。軍でスピリチュアルケアに従事するチャプレンに限らず、災禍の儀礼におけるスピーチは、概ねこうした「典型的な言い回し」(ibid.: 111) に落ち着くものが多く、ほとんどの話者は「このような惨事に際し、いかなる言葉もそれを表現するには不十分であり、ただ黙すことしかできない」(ibid.) と述べるにとどまる。

概ね好意的に捉えられる宗教者のスピーチが大半を占める一方で、アイントホーフェンの式典の最後に登壇したバプテスト派のチャプレンは、より踏み込んだ災禍の意味づけを試みたようである。彼はまずカトリックのチャプレンと同様、「なぜこのようなことが起こったのか、なぜこのような惨事がわれわれに降りかからなければならないのか、そしてなぜわたしの息子、娘、妻、夫、パートナー、友人なのか」と「答えのない問い」(ibid.: 106) を投げかけた。そのうえで彼は「慰めの言葉」(ibid.) として旧約聖書および新約聖書からそれぞれ一箇所ずつを読み上げ、惨事のなかにあっても強くあるよう勧めつつ、犠牲者の死後の復活を説いた。[3] ときおりアドリブを交えつつ聖書を片手に「説教」(ibid.: 109) めいたスピーチを披露したこのチャプレンには、「(彼は) そこを説教台と勘違いしていたのではないか」(ibid.: 109) と名指しで批判が寄せられたという。「説教」は信者のみが集まる教会で行うべきものであって、多様な人びとが集う災禍の儀礼には場違いであるという参加者の意識をここにみてとることも可能である。このようにオランダの災禍の儀礼では、宗教者が登壇する場面が数多くみられるも、災禍の宗教的解釈が示されることは例外的であり、あったとしてもそれは批判の対象とされる。

災禍の儀礼と宗教との関係にかんするこのような傾向は、アイントホーフェン以外の事例にもみられる。たとえば一九九二年にアムステルダム郊外ベイルマー地区にイスラエルの航空輸送機が墜落した事故をめぐる追悼式典では、その地区の文化的背景を反映した多様な宗教的儀礼がみられたという。輸送機が墜落した地区は、アンティル、スリナム、アルバといった中南米のオランダ旧植民地や領地、ガーナやモロッコといったアフリカ諸国、そしてトルコといった国々からの移民の集住地域であった。その追悼式典は、ガーナのゴスペルクワイヤーやムスリム合唱団による合唱、イマームによるクルアーン読誦やラビの祈りといった様々な宗教儀礼によって構成されていたという。比較宗教学者のヌグテレンによれば、この式典は様々な「宗教的表現が排除されることなく、しかし概ね背景にとどまる」(ibid.: 88) 様式で表現され、その結果として特定の文化的要素が「支配的となることなく、混じり合った一部分として組み込まれていた」(ibid.: 90)。ここでも宗教者や宗教的儀礼は、コミュニティとして悲嘆を表す場で重要な役割を与えられつつも、特定の宗教的意味や解釈を全面に押し出さないことで、多様性のなかの統合――「カラフルなオランダ」(ibid.: 92) が演出されていたという。

このようにオランダにおける災禍の儀礼は、宗教者や宗教的儀礼が積極的に組み入れられる一方、苦しみをめぐる「なぜ」という問いについての宗教的意味づけは慎重に遠ざけられていたことが確認される[(4)]。この点は編著者のポストもオランダの災禍の儀礼は総じて苦難にかんする「重苦しい宗教的主題はほとんど含まれておらず」、むしろ「そこで分かち合われているのは聖典に規定された揺るぎなさではなく、むき出しにされた人間の無力さ」(ibid.: 261) であったと認めるところである。すなわち災禍の儀礼で最も重要な主題は、災禍の宗教的意味づけではなく、「わたしにも起こっていたかもしれない」(ibid.) という偶然性をともに「承認」(ibid.) することにあったとされる。(5)

3　世俗化論と苦難の意味論の不可能性

災禍のもたらした「なぜ」という問いは、スピーチのなかで繰り返し問われ続けているにもかかわらず、その答えは提示されることはない。公共的領域における苦難の意味論の不在それ自体は、驚くべきことではないのかもしれない。理不尽にもたらされた苦しみについて、その目的や原因を整合的に説明する世界観が、もはや「世俗化」した現代社会では成り立たないことは自明とされるからである。来たるべき「より大きな善」によっていつか贖われるという教説や、過去（あるいは前世）の罪過のためにもたらされるという災因論によって、悪や災いを受忍たらしめる言説が今日どれほど許容されうるのだろうか。むろんそうした言説に救いを見出す場合もあるだろうし、そう思うことなくしてはやりきれないという複雑な心情にある人もいるにちがいない。そのこと自体をここでは問題としていない。本書が明らかにしようと試みるのは、不幸にも訪れた災禍に対し、目的的であれ因果的であれその偶然性の合理化を試みる言説が、諸個人や特定の信念を共有する集団を超えた社会的な次元において、可能かどうかということにある。哲学者のエマニュエル・レヴィナスが、苦難を正当化するこれらの宗教的言説に「終焉」を宣告したことはあまりにも有名である。ユダヤ系の出自をもつレヴィナスにとって、アウシュヴィッツ収容所における自民族に対する虐殺は、いかなる「神の御計らい」――いわんや天罰論についてはもってのほかである――によっても受け入れ不可能な「無用の苦しみ」(Levinas 1991=1993)であったからである。

弁神論の不可能性ともいうべき、この現代社会の諸状況を踏まえたうえで、苦難のコーピングにかんし宗教が果たす役割は――少なくとも災禍の儀礼が執り行われる公共的領域においては――極めて限定的なものとならざるをえないように思われる。(6) オランダの災禍の儀礼における宗教的意味論の不在――この現代的文脈は、社会学者マックス・ヴェーバーが指摘した古典的問題でもある。(7) 苦難に合理的説明を提供していた宗教は、近代社会において「非合理的なもの」(Weber 1921=1972: 59)のなかに追いやられざるをえない。こう述べたうえでヴェーバーは、けれどもそれは「非合理的なもの」がなくなっていくことを意味しないと指摘する。むしろ近代社会における全面的合理化にもかかわらず、宗教は「なおも可能な唯一の彼岸」あるいは「知性主義 *Intellektualismus* の押えがたい要求がますますそこへ立ち帰っていかざるをえない故郷」(前掲:60)として、救いを約束する意味の領域を提供し続けるというのである。そこで問題となるのは――繰り返しになるが――、災禍に対しその救いを約束する宗教の役割が、私的領域を超えたどれほどの広がりをもちうるのかという点にある。

宗教の公共的領域からの撤退というこのヴェーバーの指摘とて、ヨーロッパのキリスト教文化圏にすべて当てはまるものではなく、またそのような斉一的分析が可能と主張されたわけでもない。いわゆる世俗化論の理論的射程がある特定の時空間に限定されていることが明確に主張されるようになったのが、二〇世紀半ば以降である。中東や南米を中心とした「宗教復興」は、近代ヨーロッパのキリスト教をモデルとした世俗化論がいかに個別歴史的過程であったのかを明らかにしている。これを踏まえ本書もまた、オランダの災禍の儀礼における宗教的な苦難の意味論の不在が、近代ヨーロッパの個別的状況以上のいかなる射程をもちうるのかを検討する。現代社会が苦難といかに向き合うことができるのかという本書の問いは、様々な諸宗教のなかに災禍のもたらす苦難がいかに意味づけられるのかを検討したその先に、はじめて十分に取り扱うことができる課題だからである。

そこで以下では、近代ヨーロッパのキリスト教という文脈と区別されるイスラームに焦点をあて、宗教がいかに苦難へのコーピングという問題に応答するのかを検討してみたい。具体的には、スマトラ島沖地震最大の被災地であるインドネシア共和国バンダ・アチェ市における宗教者の苦難の教説に焦点をあて、この人類史上に残る津波災害がいかに語られ、また「なぜ」という苦しみをめぐる問いに、いかに答えが提示されているのかをみてみたい。

4　津波の叡智――「試練」としてのスマトラ島沖地震

アメリカのムスリム知識人における災害理解

事例研究に入る前に、まずわれわれは本章冒頭で紹介したSternによるインタビュー集のなかで、アメリカのイスラームの指導者や知識人が災害をいかに捉えているのかをみておきたい。Sternによれば、教派やエスニシティによって、災害理解のニュアンスの差異が見出されるキリスト教と比べて、彼がインタビューをした五人のムスリム知識人（北米イスラーム協会会長、大学教員、イマームなど）の苦難の意味論は「より統合された観点を有していた」(Stern 2007: 147) という。その最も顕著な点としてまずあげられるのは「神の介入を疑う声が一人としてあがらなかった」(ibid.: 149) ことである。たとえばルイヴィル大学医学部教授のIbrahim B. Syedは「あらゆる自然法則は神が作り給うたのであり、一度作られたその法は変えられることがない」(ibid.: 155) とし、「自然災害もまた神の被造物である」(ibid.) との立場を堅持する。

では災害への「神の介入」を所与の前提としたうえで、その苦難にはいかなる意味が付与されるのだろうか。全知全能かつ慈悲深い善なる神の計画のなかで災害が起きたことを信じつつも、「なぜ神がこれを起こし、また罪なきものが苦しみ、そしてムスリムに多くの犠牲者がでなければならなかったのだろうか」(ibid.: 152) と問うムスリムは決して少なくなかったという。その答えとして言及されるキーワードは「警告 (*warning*)」や「試練 (*test*)」(ibid.: 156)、「周期的なメッセージ (*periodic reminder*)」(ibid.: 153)、「来世の報償 (*rewards in the next life*)」(ibid.: 151) である。神は、ムスリムの信仰を試みるために、そして救いがこの現世ではなく、その先にあることを繰り返し思い出させるために、しばしば災害を用いられるのだ。

こうした見方に立つことはしかしながら、かかる神聖な〈目的〉のためといえども、災害によって命を落とすこととなった犠牲者の苦難をその〈手段〉や単なる〈道具〉に貶めることにならないのだろうか。Stern によれば、イスラームはその他の宗教と比べものにならないほど、犠牲者にとっての苦難の意味に言及することにかんし「意欲的であった」(ibid.: 150) という。この問題にかんする彼らの答えはこうである。われわれは苦難を、この現世だけでなく来世を含めたより広い視点から解釈する必要がある。「神はこの世のいわれなき苦難を被る者に対して、彼らの罪を許し給い、死後の報いを用意している」(ibid.: 150) からである。では災害の犠牲者に死後用意されている報いとは何か。それは殉教者 (*martyr*) として楽園 (*paradise*) に入るという特権である。彼らは最後の審判を受けずして、死後の救いが約束されるのである。

むろんクルアーンでは、ノア (*Nuh*) の箱舟譚にみられるような罪深き人間に対する神からの懲罰 (*divine punishment*) という災害観もある。けれどもそうした観点があることを認めながらも、彼らの多くはこうした見方を強調することはしない。もし災害が神からの懲罰だとしたら、サン・アンドレアス断層（カリフォルニア州の地震頻発地帯）に住む人びとはよほど罪深いということになろう。しかし災害に見舞われることは「神がその人びとに対して怒っていることを必ずしも意味しない」（ibid.: 162）。唯一の神以外何人も、ある人びとが救いに値するか否かを知りえない以上、われわれは「神の慈悲深さを強調するのだ」（ibid.: 153）。

このようにスマトラ島沖地震を受けたアメリカのムスリム知識人やイマームらは、災害に限らずあらゆる現象への「神の介入」を所与とするとともに、罪の報いという因果的説明ではなく、神からの「試練／警告」という目的合理的な災害観をもとに苦難を説明する。(8) けれども先述したようにこれらの語りは、非ムスリムアメリカ人のジャーナリストの問いかけに対して、ムスリムとしての自分の考えを述べたものである。(9) 被災地のただなかにあって、遺族を含めた多くの聴衆を前にする災禍の儀礼では、上にみた苦難の宗教的意味づけとは異なる特徴が見出される可能性があろう。そこで以下では、スマトラ島沖地震で一〇万人以上の死者・行方不明者を数えることとなったインドネシア、アチェ州のバンダ・アチェ市において、震災発生日の一二月二六日周辺の諸行事のなかで語られた講話（*ceramah/tausiyah*）をとりあげ、「苦難へのコーピング」と宗教的意味論の関係について考察する。

Syaikh Gibril の場合

まずとりあげるのは、Gibril Fouad Haddad というアーリム（法学者）が二〇一七年一二月二五日、すなわちスマトラ島沖地震一三周年記念日の前夜にバンダ・アチェ市のモスクで行った講話である。シャイフ・ジブリルは、レバノンのカトリック教徒の家に生まれた。その後レバノンの内戦から逃れ、アメリカで高等教育を修めたのち、コロンビア大学大学院（フランス文学専攻）在学中の一九九一年にムスリムとなる。彼は、一九九七年以降記した著作だけでなく、アラビア語から英語への数々の翻訳の功績で知られ、二〇一〇年には「最も影響力のあるムスリム五〇〇人」に選ばれている。現在はインドネシア近隣のブルネイ・ダルサラームに居住するが、アチェは四年前に訪れて以降二度目の訪問だという。今回訪れたのは、彼がアラビア語から英語に翻訳し註解を付した著作の出版記念シンポジウムを、アチェ出身のウラマー Abdur Rauf Singkil の墓所で開催するためだという。

(10) (11) (12)

シャイフ・ジブリルの講話の会場となった *Baiturrahman Masjid Raya*（以下、グランドモスク）は、市内中心部にある最も人気の高いモスクの一つである。アチェ王国時代のイスカンダル・ムダ国王時代に建設され、その後増改築を重ねた美しい造形で知られるこのモスクは、アチェ人全体にとってのシンボリックな意味合いを有している。このモスクは、二〇〇四年に押し寄せてきた津波にもびくともせず、高所に登った多くの人びとが辛くも難を逃れたことで知られている。震災発生日の一二月二六日前夜は例年このモスクに著名なウラマーが招かれ、その講話を市民がこぞって聞きに来る。この催しは、アチェ州主催のツナミ記念行事の一部として毎年広報されており、この日もモスクに入りきれないほどの市民を集めた。夜の礼拝（イーシャ）のあと、会衆の前に現れたシャイフ・ジブリルが、インドネシア語の通訳を介して、アラビア語で語った内容は次のようなものであった。

神はこの祝福された地に、災害を伴う試練（*cobaan dengan bala*）をもたらされた。この試練はこの地の人びとがどれほど患難を耐え忍ぶことができるかをみるためである。神はときに災害を通じて人間に試練を課する。そうして人びとが学ぶ（*mengambil pelajaran*）ためである。なぜそれが起こるのか（*kenapa terjadi*）と人びとは問うだろう。ある人びとは神が定められた運命（*takdir Allah*）だからと思考を停止する。しかしわれわれは学ばなければならない、神の運命に身を委ね、受け入れることを（*penyerahan diri, menerima akan takdir Allah swt*）。なぜ全能なる神はムスリムに地震をもたらしたのだろう。神はわれわれを罰しようというのだろうか。それは違う。実に神は憎むべき者にではなく、愛する者たちにこの災害をもたらされたのだ。これまで神の祝福を受けた者のなかには、一見喜ばしくない死を迎えた者がいる。溺死した者、焼死した者、腹痛で亡くなった者、癌で亡くなった者、そして津波に襲われた者、彼らは皆、殉教者である。津波に襲われて亡くなった人びとはすべて殉教者（*syahid*）である。われわれは彼らのことを悲しむべきだろうか？　神を信じる者はそうであってはならない。彼らはその大きな功徳（*pahala*）を受けるのだから。彼らは死に渡されたのではなく、全能なる神によって生かされたのだ。神とともに生きることを許された者たちに対して悲しむ必要があろうか？　われわれはまた彼らと再会できるのだから。

この講話のなかで、シャイフ・ジブリルはハディースに書かれている殉教者のタイプを列挙した。ときには、悲しみに襲われることもあるだろうし、在りし日のことを思い出すこともある。けれども津波で亡くなった彼らが神とともにいることをわれわれは知っている。彼らはこの世での苦難の報いとして救いを来世で受けとるのである。シャイフ・ジブリルの講話のなかに、Stern の描写するアメリカのムスリム知識人の苦難の意味論と共通する部分を見出すことは困難ではない。そこでは全知全能の神による人間の想像を超えた目的があり、津波は「懲罰」ではなく「試練」としてもたされたという災害観が提示される。また津波による犠牲者も決して無駄に命を落としたわけではない。神は彼らに来世での救いを約束されているのだと。[13]

四〇分ほどの講話のあと、シャイフ・ジブリルによって導かれたズィキル *zikir* という祈りは一時間以上も続き、ある者は体を揺らしながら、ある者は声を張り上げて熱心に祈り続け、途中で帰るものはほとんどいなかった。礼拝が終わり、モスクからの帰り道にサテという串焼き肉を屋台で食べながら、この礼拝に参加した幾人かにこの講話の感想を聞いて回ったが、誰も否定的な声を漏らすことはなかった。準公式的な位置づけにあるこのモスクでの講話で語られた津波の意味論は、しかしながらこのモスクに集うムスリムを超えていかなる広がりをもちうるのだろうか。外国から来た高名なウラマーの雄弁な講話に対し、たとえ違和感を抱いたとしても目をつぶり、受け入れる人も少なからずいたのではないだろうか。何より、たとえこのモスクが、あの津波にも耐えた「アチェ人」のアイデンティティと結びついたシンボリックな建築物だとしても、それは宗教施設で信者に対して行われた講話にほかならず、それを災禍の儀礼における苦難の意味論と併置することはできないのではないか。このような疑問に答えるために次節では、この前年の二〇一六年一二月二五日にアチェ州主催の公式のツナミ記念行事の一部として実施されたズィキルにおける講話をとりあげたい。それはアチェ州知事も参加するアチェ州の公式記念行事であり、すべての参加者に開かれたものとして行われている。そこでは外国人ウラマーの普遍的な観点から語られたものと異なる、どのような苦難の意味論が認められるのかを検討する。

Ustaz Mursalin の場合

ツナミ一二周年記念行事の一環として行われたこのズィキルは、市中心部の *Taman Sulthanah Safiatuddin* という公園の広場で行われた。アチェ王国のスルタナ（女性スルタン）の名が冠せられたこの公園内には、アチェの各地域ごとの伝統的家屋が展示されており、その他アチェの民芸品の販売店や文化展示室が設置されている。二〇一五年一一月にインドネシア共和国との和平条約一〇周年記念式典の会場ともなったことからもわかる通り、この公園は数千人規模の公式行事の会場としてしばしば用いられている。この公園内には、二〇〇四年の津波の高さを示すツナミポールが建てられており、それは当時二・四五メートルの津波がこの公園に押し寄せたことを伝えている。

はじめに前述したグランドモスクのイマームに導かれてズィキルが行われ、その後千人を超える参加者を前にウスタズ・ムルサリン[14]が壇上に立った。彼の出身地であるアチェ州北部の都市ロクスマウェは、バンダ・アチェ市やアチェ州西岸地域ほどではないにしろ、数メートルの津波に襲われ少なからぬ人的被害も被った地域である。彼は六歳からイスラーム寄宿学校（*pesantren*）に学び、高校卒業後エジプトのアル＝アズハル大学で二〇一一年まで学んだ。その後、アチェの国立イスラーム大学で修士課程を終え、現在はバンダ・アチェ市内の国際NGO団体で働きつつ、招かれたモスクで毎週（時期によっては毎日のように）講話や説教をしている。この日彼の語った講話は次のような内容だった。

この日、神のゆるしのなかでわれわれはズィキルを執り行い、ともに祈りを捧げられることを感謝したい。そのことによってわれわれは津波と地震[15]により殉教者となった方々へ敬意をもって祈ることができる。「アッラーのみ使いはいわれた。「信仰とは、まことに不思議なものである！　なぜなら、信仰者の全てに祝福がみられるからである（中略）なにか喜ばしいことがあってアッラーに感謝すれば、そのことで良いことが生じ、また、困難があっても忍耐すれば、そのことで良いことが生ずるのである」[16]」。このハディースはわれわれ信仰者が、災禍（*musibah*）といかに向き合う（*bagaimana kita menghadapi*）ことができるのかを簡潔にあらわしている。

けれども信仰者ではない者についてはどうだろうか。先日、日本から一人の研究者がやってきた。イスラームにおける災害の意味について教えてほしいと、人伝いに連絡してきたのだ。

ドクター・ユークフダという この研究者は、津波に襲われた東北という日本の地方とアチェとの比較調査に取り組んでいるとのことだった。彼の言うところによれば、東北もアチェも津波によって多大な影響を被ったが、アチェではトラウマに苦しむ人びとが一見少ないようにみえるとのことだった。ごくたまに悲しみに取り乱す者もいるが、たいていそれは外国出身者であり、アチェ人ではなかったという。[17] なぜアチェ人は、あのひどい災害からこんなにも早く回復し、トラウマに陥ることなくみな強く生き（*Kuat mereka tidak ada trauma yang berkepanjangan*）、日常を取り戻すことができたのか。わたしはドクター・ユークフダにこう答えた。アチェ人はムスリムで、イスラームにはアキダという強い教えがあるからだと（*Orang Aceh ini orang Islam dan dalam Islam itu teori aqidah kuat sekali*）。彼はこの説明に納得せず、もっと詳しく話すようせがんだ。だからわたしはイスラームの教えを彼に説明したのだ。信者を襲う災害にはいくつかの目的と形式があると。

まず第一に、神はときとしてその御力と偉大さを示すために（*Allah ingin tunjukan kekuasaanya, kebersaranya*）災害を起こされる。アッラーはこのように仰せられる。「災難のうち地上に、そしておまえたち自身に降りかかるもので、われらがそれ（災難）を造る以前から一冊の書物（「護持された書板」）の中に（書き留められてい）ないものはない」[18] と。では予め定められし災難の目的とは何か。「それは、おまえたちが失ったものに対して悲嘆せず、また、お前たちに彼が与え給うたものにおまえたちが慢心しないためである。そしてアッラーはあらゆる尊大な自慢屋を愛し給わない」[19]。ここからわかる通り、実にある人びとにとって、災害は必要（*butuh*）である。たとえば民衆を苦しめた（エジプトの）ファラオにとって災害は必要だったのだ。権力を適切に行使しない支配者は危険であり、神はこの高慢な者ども（*orang-orang sombong ini*）に対してそれ以上の力を示すために災害を引き起こされるのである。これが一つ目の説明である。

第二に災害は、善き者たちに対する警告（*teguran untuk orang-orang baik*）という機能（*fungsi*）をもつ。アッラーはこのように仰せられる。「そして、必ずやわれらは（来世での）最大の懲罰の前に（現世での）手近な懲罰から彼らに味合わせよう」と。それは何のためだろうか？「きっと彼らは（悔いて信仰に）帰るであろう[20]」、そのためである。

続いて第三として、神は敬虔な人びとを試すため（*Allah ingin mencoba orang-orang saleh*）に災害をもたらされる。「そして確かにわれらはおまえたちをなんらかの恐怖や飢え、そして財産、命、収穫の損失によって試みる。そして忍耐する者には吉報を伝えよ[21]」。信じること、それだけで天国（*surga*）に行くには十分ではなく、試練を経ても信仰を保ち続ける者だけが救われるのである[22]。

最後にわたしは災害のある形式、すなわち懲罰（*azab*）について、この日本人に説明した。けれどもこの懲罰とは、預言者ムハンマドに属する人びと（*umat Nabi Muhammad*）には決してもたらされず、不信心な者たち（*orang kafir*）にのみもたらされるものである。ドクター・ユークフダの心情を慮り、彼が怖がって二度と会いに来なくなってはいけないので、わたしはこのことについて詳しく教えることはなかった。わたしは彼がもっと関心をもち、最終的にはムスリムとなることを願っているからである。

しかし、われわれは信者にたいする災害の意味にかんして、もう一つの側面もあることを忘れてはならない。災害は神がすでに定められたもの（*sunnatullah*）でもあるからだ。信じる者や信じない者、（神に）従順な者、邪な者にも災害はもたらされる。それゆえ災害をなくすことはできない。それゆえイスラームは、災害をなくせるかではなく、いかに災害と向き合うかをわれわれに教えるのだ（*Maka Islam mengajarakan bukan tidak ada bencana tetapi bagaimana kita berhadapan dengan bencana*）。

ウスタズ・ムルサリンにわたしがインタビューを申し込んだのはこの講話の半年前の断食月だった。このウスタズは、わたしに向かってインタビューで語ったものとほぼ同じイスラームの災害に対する五つの見方を、アチェ州主催の公式の震災記念行事で提示している[23]。インタビューでは、唯一神アッラーの「御業《みわざ》（*sunatullah*）」としての災害という第一の観点、そして神がその権威を示すための「徴」という第二の観点、そして神からの「試練（*cobaan*）」という第三の観点、そして信者に対する「警告（*peringatan*）」という第四の観点、そして最後に「懲罰（*azab*）」という観点という順番で彼は語ってくれた。その際、ウスタズが強調したのは、「御業」と「徴」という二つの観点が、人間の過失如何によってではなく神が定められたものとして起こること――それゆえ犠牲者にはその保証（*jaminan*）として殉教者の地位が与えられること――、そして「試練」と「警告」という残り二つの観点は「わたしたち人間がコントロールしなければならない状況」が含まれるという点であった。そして「試練」や「警告」を経たうえでもなお、神をないがしろにしたときにはじめて「懲罰」が下されるのだという。クルアーンのなかでは、預言者ルート（ロト）の時代にソドムを吹き飛ばした大風、預言者ヌーフ（ノア）の時代に起こされた洪水などが、この「懲罰」としての災害にあたる。彼は後日、この五つの観点に対応するクルアーンの箇所をテキストメッセージで送ってくれ、彼の説明が聖典に依拠したものであることを示したのだった（表1－1）。

5　アチェ固有の文脈と背景

ウスタズ・ムルサリンが語った約三〇分の講話のうち、イスラームにおける苦難の宗教的意味づけに着目しながらみてきた。順番は異なるものの、彼は半年前に非ムスリムの日本人研究者に対しインタビューで語ったものとほぼ同じ震災の解釈を、州主催の公式の記念行事のなかでも語ったことになる。この地で一〇万人以上の人びとの命を奪った津波は、すでに神がこの世の初めに「書き留められ」た出来事であり、信者への「試練／警告」としてもたらされた。そこには人智を超えた神の意思が疑いなく存在するのである。この苦難の教説にもまたアメリ

表1－1　イスラームの5つの災害観とクルアーンにおける記述

1．神の「御業《みわざ》」としての災害 *Bencana bermakna sunnatullah.* 「そしておまえは山々を見、それが堅固であると思うが、それは雲の通過する如くに行き去る。あらゆる物を全うし給うアッラーの御業として。まことに、彼はおまえたちのなすことについて通暁し給う御方」（第27章「蟻」88節）
2．神がその権威を示すための災害 *Bencana bermakna Allah ingin menunjukkan kekuasaannya.* 「そして、彼はおまえたちに彼の諸々の徴を見せ給う。一体、アッラーの諸々の徴のいずれをおまえたちは否定するのか」（第40章「赦す御方」81節）
3．信仰者への「試練」としての災害 *Bencana bermakna cobaan bagi orang beriman yang shaleh.* 「そして確かにわれらはおまえたちをなんらかの恐怖や飢え、そして財産、命、収穫の損失によって試みる。そして忍耐する者には吉報を伝えよ。（それは）苦難が襲うと、『まことにわれらはアッラーのもの、われらは彼の御許に帰り行くものである』という者たちである」（第2章「雌牛」155-56節） 「人々は、『われらは信じた』と言えば、試練を被ることなく放置されると考えたのか」（第29章「蜘蛛」2節）
4．信仰者のうち罪を犯した者に対する災害 *Bencana bermakna teguran untuk orang beriman yang gemar berbuat dosa.* 「そして、われらは彼らを地上にいくつもの集団に分断した。彼らの中には正しい者もあれば、彼らの中にはそうでない者もいる。そしてわれらは彼らを良きことと悪しきことで試みた。きっと彼らも戻るであろうと」（第7章「高壁」168節） 「そして、必ずやわれらは（来世での）最大の懲罰の前に（現世での）手近な懲罰から彼らに味合わせよう。きっと彼らは（悔いて信仰に）帰るであろう」（第32章「跪拝」21節）
5．「懲罰」としての災害 *Bencana bermakna azab.* 「悪事を策謀する者たちは、アッラーが大地に彼らを飲み込ませ給うことから、あるいは彼らの気づかないところから懲罰が彼らに訪れることから安全であるか。あるいは、彼らの往来の最中に彼らを捕らえ給うことから。それで彼らは出し抜くことはできない。あるいは、すこしずつ追い詰めて彼らを捕らえ給うことから。そして、まことにおまえの主は憐れみ深く、慈悲深い御方」（第16章「蜜蜂」45-47節） 「そこで、われらはいずれの者もその罪によって捕えた。それで彼らの中にはわれらが小石を撒き散らす強風を送った者（ルートの民やアード族のように）もいれば、彼らの中には叫び声が捕えた者（サムード族のように）もいた。また、彼らの中にはわれらが溺れさせた者（ヌーフの民や、フィルアウンとその民のように）もいた。そしてアッラーは彼らに不正をなし給うことはなかった。だが、彼らが自分自身に不正をなしたのである」（第29章「蜘蛛」40節）

（黎明イスラーム学術・文化振興会編2014『日亜対訳クルアーン』より、下線筆者強調）

カのムスリム指導者らや、シャイフ・ジブリルの講話との一貫性が認められよう。

このようにウスタズ・ムルサリンの講話には、イスラームに広く膾炙する苦難の意味論を見出すことが可能な一方、他方で彼の講話のなかにのみ見出される特有のアクセントもある。それはアチェ（人）にとっての津波という個別歴史的な文脈である。ウスタズ・ムルサリンは、アチェに住む中国系住民や日本からきたドクター・ユークフダと対比させながら、「アチェ人（*orang Aceh*）」にとっての津波の意味を語る。たとえば講話の初めに、殉教者に祈りを捧げる文脈のなかで次のように述べる。

このズィキルはわれらの先人、われわれの先祖ら、そしてわれわれの父たちや母たちに向けられる（*kepada para pendahulu kita, kepada kakek nenek moyang kita, kepada ayah-ayah dan ibu-ibu kita*）ものである。われわれが先人のために祈ることの意味は何か。それは先人とその後に来たる者たちとのあいだに一つの歴史を結びつけるためである（*Tujuannya adalah untuk mengikat sebuah sejarah antara yang terdahulu dan yang akan datang*）。われわれが今、祈りを捧げる神はわれわれの先人が祈ってきた神であり、今の生活は彼ら先人の苦闘と切り離すことはできない。

ウスタズのいう先人（*pendahulu*）とは誰か。それは災害を受けてトラウマに苦しむ人びととは区別されるところの、「われわれ」アチェ人の祖先にほかならない。この「アチェ人」というカテゴリーについて、ウスタズは講話のなかで次のように言及する。

アチェの人びとは、たとえ財布をなくしたとしても、ポケットの中に五〇〇〇ルピアー[24]を見つけたならば、これでベチャを拾って家に帰れるので幸運だ（*untung*）と受け止める。そうしていつも *Alhamdulilah* と神に感謝するのだ。これこそアチェ人である。アチェ人のこのアキダはすばらしいものである。人生のすべてはこのアキダと信仰に密接に関連しているのだ。

それまでインドネシア語で話していたウスタズ・ムルサリンは、唯一この時だけアチェ語で語り、聴衆もまた「ああ」と感嘆の声を漏らし応じた。[25]とはいえこのアキダをもってしても、感謝をもってあの津波を受け入れることは容易ではない。神の意志のなかでもたらされた（すべての可能世界のなかでの）「最善」であっても、それは有限の存在である人間にとって必ずしも理解することはできないからである。「わが主よ、なぜですか（*Ya, Allah kenapa?*）」と苦しみの意味を問い、「わが主はわたしを卑しめ給うた」[26]のだと思い至る人びとの心情に理解を示しつつも、ウスタズはこの一見苦々しい経験が、「おまえたちにとって良いこと」[27]として神がもたらされた、その「証拠（*bukti*）」があると語りかける。

津波災害のなかに、今日われわれがいかなる神の叡智（*hikmah*）を見出し、また感じることができるのだろうか？　それはヘルシンキＭｏＵにほかならない。それは神から授けられた贈り物、われわれが今日みることのできる一つの叡智である（*Itu hadiah Allah, itu satu hikmah yang nampak, yang besar kita lihat hari ini*）。もしあの津波がなければ、どれだけの人びとが血を流さなければならなかったのだろうか。それらは神の叡智のただなかにあるのだ。

ヘルシンキＭｏＵとは、二〇〇五年に自由アチェ運動（ＧＡＭ）とインドネシア共和国とのあいだに締結された和平条約である。クルアーンやハディースから導き出される普遍的な苦難の教説だけでなく、ウスタズ・ムルサリンは、この個別歴史的なアチェの文脈と関連させながら、二〇〇四年の津波を意味づけようと試みていることがみてとれる。あの津波は、これまでも絶えず人間を襲ってきた災害の一つであると同時に、津波の翌年まで続いてきたインドネシア共和国からの独立を求めた内戦という固有の文脈を抜きにして語ることは不可能な出来事なのである。それだけではない。次章にみる通り、この津波は数百年にもわたるアチェとイスラームとの歴史的連関のなかに位置づけられることなしには理解することができない苦難なのである。

より詳しくは、次章で検討することとして、本章でまず確認すべきは次のことである。ここにいたり、われわれはポストらの共同研究にみたディザスターリチュアル論が、従来のキリスト教文化にみられない新たな儀礼様式を精緻に描き出しながらも、それらの儀礼を図（図柄）として浮かび上がらせる一方で、その地（背景）――たとえばその地域の生活と密接に結びついた文脈や社会規範など――をほとんど捨象しているという点を認めることとなる。ディザスターリチュアル論を起点として、「苦難へのコーピング」という観点から、災禍の儀礼論へと展開しようとする本書にとって、苦しみの意味づけがいかなる普遍性と個別性の結節点のなかに模索されるのかという点は極めて重要である。弁神論の不可能性とは、普遍的視点から語られる苦難の宗教的意味づけが、現代社会の個別多様な諸個人に斉一的に適用される、その暴力性を問題としている。アチェにおけるスマトラ島沖地震の苦難の教説は、一方ではイスラームという普遍的観点から意味づけられつつ、他方では個別具体的な「アチェ人」の文脈との連関のなかで提示される。儀礼はその社会的文脈によって規定される行為であるということはすでに述べたが、この文脈がいかなる普遍性と個別性の網目のなかに構成されているかを考えるためには、従来のディザスターリチュアル論を超えた記述の水準が求められる。かかる研究上の課題を踏まえたうえで、本書はいかにして災禍のもたらす苦難を解釈することができるのだろうか。その試みとして、次章では苦難の神義論という社会学的な分析概念を通じて、アチェにおける苦難へのコーピングへと接近する。

6　苦難へのコーピングの日常的文脈と歴史的経緯の考察に向けて

本章は、苦難へのコーピングという観点と宗教の関係を、現代社会の具体的な事例のなかに考察してきた。まずオランダの災禍の儀礼を検討したところ、そこでは「なぜ苦しむのか」という問いは提示されながらも、その答えに応答する宗教者の困難が見出された。なかにはプロテスタントのチャプレンのように聖書から苦難の意味を引き出そうと試みる語りもあったが、慰めの言葉として彼が言及した「死者の復活」というテーマは、教会的な文脈に基礎づけられる「救いの約束」にほかならず、公共の催しとして実施される災禍の儀礼には不適切なものとして批判を招いた。

次にわれわれは、スマトラ島沖地震をめぐりイスラームがいかにその苦難を意味づけているのかを検討した。その結果、イスラームにおいて一貫した苦しみの意味づけを見出すことができた。そこで津波は、全知全能かつ慈悲深い神の意思のなかで起こされたものであり、犠牲者には苦しみに対する報いとして殉教者の地位が約束される。弁神論の不可能性という現代オランダにみられる状況は、イスラーム社会には必ずしも適用されないことが明らかにされた。

本章が明らかにしたもう一つの点は、前章にみたポストらの共同研究に決定的に欠けていた視点に関連していた。イスラームという普遍的観点から語られる苦難の教説が見出されたとして、それがいかなる日常的な文脈や歴史と親和性のある語りであるかが示されなければ、この苦難の意味づけのリアリティを正確に捉えているとはいえない。本章が宗教的言説に着目して明らかにしようと試みてきた苦難へのコーピングの様相は、この点でも不十分なものであるといわざるをえない。それゆえ次章では、アチェにおける個別歴史的な文脈や社会規範をもとに苦難へのコーピングを考察する。

第2章　苦難の神義論における集団と個人

1　苦難の神義論再考

災害や事故、戦争といった災禍に際し、その苦難の原因や意味をめぐる問いは、神学上の一分野である神義論という枠組みのなかで議論されてきた。全知全能かつ慈愛に満ちた善なる神と、苦しみをもたらす悪なる存在や出来事との調和的理解を目指すこの古典的課題は、今日においても様々な災禍をめぐり問われ続けている。アメリカ人ジャーナリスト Gary Stern による宗教者へのインタビュー集『*Can God Intervene?*（神はいかに介入するか）』は、「なぜこのような出来事が起こらなければならなかったのか」、「彼らが死ななければならなかったのはなぜか」という問いに対する宗教者の応答を描き出している（Stern 2007）。神義論をめぐる議論は日本でも、とりわけ東日本大震災以降みられるようになった。たとえば宗教学者の藤原聖子は、東日本大震災後の宗教者の言説のなかに、「自然」「大地」「地球」といった超自然的意思や、因果応報といった説明様式を用いた、震災の意味づけを見出すとともに、そこで「神義論的問い」が引き起こされていたと指摘する（藤原 2012: 65）。対照的に、宗教学者の堀江宗正は現代日本における神義論への根強い反発を指摘する。ただしそれは単なる宗教の否定ではない。公的領域と私的領域の分離を前提としたうえで、後者にのみ「宗教」の役割を許容する「世俗主義」の一バリエーションとして理解できるという。とりわけ東日本大震災以降の宗教者らの働きのなかに堀江は、「復興」という至上命題に役立つかぎりにおいてのみその価値を認めるという「復興世俗主義」（堀江 2015）をみてとる。この状況において宗教の提供する救済財は、もしあったとしても当事者の個別的かつ私的な次元にのみ可能なものとなり、他者との共有というその志向性（藤原 2012: 55）にもかかわらず、神義論は適用領域が限られた枠組みとならざるをえない。

ただし、こと社会学的な文脈において神義論は、災禍を宗教的に意味づける言説にとどまらない理論的手立てとして用いることが可能ではないだろうか。周知の通り、マックス・ヴェーバーは諸宗教のうち、苦しみに論理的に首尾一貫した意味を与える諸宗教の言説の体系を「苦難の神義論」として概念化した。しかしそれはヴェーバーが考察しようとした問題そのものではない。ヴェーバーはむしろ、苦難への応答を試みる宗教の「行為への実践的起動力」（Weber 1921=1972: 34）を明らかにする理論的手立てとして苦難の神義論を用いたのである。

近代ヨーロッパに生じた資本主義の精神の因果帰属を試みるにあたって、ヴェーバーはまず「世界宗教」のもつ「告知と約束」に注意を向ける。苦難からの救いにかんするこの教説は、宗教的合理主義の担い手である知識人層によって体系化された言説であった。それがたとえ不条理な苦難を合理化させうるとしても、それは「大衆」にとって生きられるリアリティでは必ずしもないとヴェーバーは指摘する（前掲：70–72）。この「達人」と「大衆」とのあいだの「妥協」「譲歩」「割愛」こそが、予定説によって一六世紀のカルヴィニストにもたらされた実存的問題への応答の諸相であり、ひいては苦難の神義論という概念を導入することによって明らかにしようとした動態的過程とみることができる。もとより首尾一貫性への要求は、その要求それ自身によって「無意味な物事」を生じせしめ、失敗が帰結されることはつとに指摘されてきた（Parsons 1966: xvii, Wilkinson 2013: 129）。この点に鑑みれば苦難の神義論の社会学的意義は、苦難の宗教的な合理化よりはむしろ、この理念型が掬い（救い）損ねた――あるいはこの合理化によって逆説的に生み出された――苦しみのリアリティを明らかにするための理論的手立てとして捉え返す必要がある。

ヴェーバーの苦難の神義論を展開したバーガーらの知識社会学的研究を経て、社会学では近年、現代的コンテクストのなかであらためて苦難の神義論を捉え返そうという試みがみられる（Morgan and Wilkinson 2001, Pickering 2004, Wilkinson 2005, Fuller 2011 など）。しかしながらこれらの研究の主たる関心は、従来の神義論の「失敗」（Fuller 2011: 102）、「衰退」ないしは「終焉」（Morgan and Wilkinson 2001: 201–2）を前提としたうえで、苦難を正当化する言説の体系《システム》がいかに可能かを問うことにあり、宗教的であれ世俗的であれ、この言説との対比のなかで苦しみのリアリティを明らかにする試みはない。この現状を踏まえたうえで本研究は、現代社会の具体的事例に即して苦難の神義論を考察することを試みる。

その際、本章ではイスラームという現代社会における最もアクチュアルな宗教の一つのなかに上記の問題を考察する。より具体的には、インドネシア・アチェ州におけるスマトラ島沖地震をめぐる苦難の意味づけに焦点をあてる。それは以下に述べる通り、宗教がある一定の社会的プレゼンスを有するにもかかわらず／がゆえに、そこからもれ出る苦難のリアリティを描き出すことがこの具体的事例のなかに可能と思われるからである。世界最大のムスリム人口を数えるインドネシアは、公共的領域に宗教が組み込まれた「宗教国家」（木村 2012）という側面を持ち合わせている。そのなかでもアチェは唯一、イスラーム法シャリーアを自治法とする特別州であり、ある側面において宗教が「合理的」なものとして生きられている。それゆえ後述するように、記念日の公共空間における苦難の意味づけは、アチェのイスラーム文化を明確に反映したものとなっている。本章が、インドネシア・アチェを事例としてとりあげるのは——予定説によって突きつけられる実存的問題に対し、行動的禁欲という宗教的実践を通じて一六世紀のカルヴィニストが応答したように——宗教の枠内において支配的な言説との対比のなかで苦しみのリアリティを明らかにするためである。

この事例研究が示す知見は、現代の世俗社会における災禍への社会的応答を相対化する視点をもたらすとともに、苦難といかに向きあうかという社会学的課題にかんする理論的な含意を導くであろう。次節ではまず先行研究からインドネシアの災害観を特徴づけたうえで、続く事例研究へと展開していきたい。

2　インドネシアの災害観

地震・津波への神の関与

インドネシアの災害観は、これまで人類学や宗教学、イスラーム研究といった諸領域において検討されてきた。これらの研究が共通して指摘するのは、災害に対する神の関与である。たとえば人類学者 Annemarie Samuels は、スマトラ島沖地震で最も甚大な被害を受けたバンダ・アチェ市民の多くが、「津波が神によって与えられた」(Samuels 2012: 135) という認識を前提とし、この前提を通じて死を語ることで津波後の日常を立て直していると指摘する。また宗教学者の木村敏明は、スマトラ島沖地震の五年後に発生した西スマトラ地震をめぐるインターネット上の言説を分析し、地震が神 *Allah* と結びつけられて語られるとともに、災害が「耐えるに価する」、試練 *cobaan* や試験 *ujian* として語られる傾向を見出している (木村 2009: 33)(1)。しばしば地震体験の証言集などにもみられる、こうした災害理解は、地震がクルアーンのなかでしばしば終末の「予兆」として描写されていることと無関係ではない。そこで次に、イスラーム研究者 Reza Idria の議論に依拠しながら、災害に対する神の関与と、苦難の意味づけにかかわる神学的背景を描き出してみたい。イスラーム神学にかんし、ここで Idria をとりあげるのは、彼の研究が、アチェで生まれ育ち二〇〇四年のスマトラ島沖地震を経験したという彼の実存と結びついているからでもある。(2)

イスラーム神学における神義論

Idria は、主として八世紀前後のイスラーム神学(3)や哲学的論争を検討し、「敬虔なコミュニティや町々が自然災害によって破壊される」ときのムスリムの態度を「神義論という問題の文脈で理解」(Idria 2010: 16) しようと試みている。Idria によれば、「全知全能の神」と「災厄(4)の存在」という二つの命題をいかに矛盾なく両立させるかという問題は、イスラーム神学の最初期より、運命主義者、神秘主義者、哲学者などによって論争の対象となってきた。以下では紙幅の都合上、これらの思想のなかでも、唯一神の「慈悲なる性質」と「全能性」を毀損しないとされる二つの代表的学派をとりあげる。

その第一は、ギリシャ哲学の影響を受け、イスラーム神学を発展させたといわれるムゥタズィラ派(5)である。人間の「自由意志」を承認するムゥタズィラ派は、人間が選択した行為の結果を、彼ら自身の責任に帰することで、「神の正義」を毀損することなく悪を説明しようとする。すなわち一方では神の「神聖なる目的 *hikmah*」（ibid.: 27）を承認しつつ、他方では人間の行いに対する報いという因果的解釈を重要視することで、災厄の存在を説明する。(6)

第二は、現代インドネシアの改革主義と伝統主義がともに重要視する（Saleh 2001: 21）アシュアリー派である。この学派は、人間の自由意志をはじめ因果律など、神の全能性を差し置いたいかなる被造物の力も原則として認めない。「神が諸個人を苦しめるとすれば、それは（中略）単に神が苦しめることを意志し給うたからである」（Idria 2010: 28）。道徳律の著者でもある神の意志について、人間はその目的や原因を知りえず、そればかりかその善悪を判断することさえも不可能とされる。Idria によれば、こうした決定論的観点は、後期アシュアリー派において、より中道的なものに修正されていく。すなわち決定論的立場と合理的立場を「獲得 *Kasb*」(7)という概念を通じて調停することで、「啓示と理性、どちらかのみによってではなく、双方の立場を相補的に取り扱う神義論が建て上げられた」（ibid.: 32）のである。

以上みてきた Idria の議論を整理すると、一方のムゥタズィラ派が苦難の背後にある因果的合理性を重視するのに対して、他方のアシュアリー派はすべての事柄が必然者たる神の御手のなかで生じるという目的的な合理性（あるいは正当性）を重視する弁証論として捉えることができる。すなわち災害を神からの懲罰 *azab* とみなす災因論にせよ、試練 *cobaan* という目的的な合理性に重点を置いた災害理解にせよ、イスラーム神学では善なる神と悪の存在という問題について、その原因や目的をいかに捉えられるか／捉えるべきではないのかという、いわば広義の神義論が展開されてきたとみることができる。本章は、神の存在証明をめぐるこれらの神学的議論を踏まえたうえで、こうした言説との対比のなかで苦しみのリアリティを考察する。すなわち、特定の時間と空間を超越する神学的問題が、スマトラ島沖地震という個別具体的な状況と文脈のなかでいかに語られ、生きられているのかを検討する。

3　分析対象としての記念式典

かかる観点から現代イスラーム社会における苦難を考察するにあたって、いかなる経験的事象に水準を定め分析するのか。先行研究において苦難の神義論を具体的な事例と関係づけ分析した社会学的研究はほとんどないが、その数少ない例として、Christina Simko による九・一一同時多発テロの記念式典の分析をあげることができる。

Simko は、二〇〇一年に発生した同時多発テロの三つの墜落現場における記念式典の言説を一〇年間にわたりあとづけ、そこに二つの神義論を見出している。Simko によれば、一方のアーリントンおよびシャンクスヴィルの記念式典は、「悪」なる加害者と「無実」の犠牲者を根本的に対立させる二元論的なレトリックによって特徴づけられるという。しかし他方のマンハッタンにおける記念式典には、詩や文学を用いる「より間接的で多義的な方法」（Simko 2012: 889）が見出されるという。死に「大きな意味を吹きこむ」ことなく、希望や癒しを見出す多様な余地を与えるこの神義論の「悲劇論的様式」のなかに Simko は現代社会に苦難と向き合う可能性を見出す。このように Simko は災禍をめぐる記念式典を神義論という観点から分析することで苦難をめぐる「実存的かつ感情的意味」（ibid.: 884）を析出する。

現代社会の災禍をめぐる記念式典のなかに「神義論的問い」への応答を探求する Simko の研究では、しかしながら記念式典に観察される言説の解釈にとどまり、それらを成り立たしめる日常的な文脈やそうした言説との違和感や葛藤が十分に描き出されているとはいえない。本章は人類学的な儀礼論を踏まえたうえで、主として実践理論の立場（Bell 1997=2017: 160–166）から、記念式典にみられる災禍の意味づけの分析を試みる。すなわち言説や儀礼を、ある社会における文化的パターンの表現手段というよりは、むしろ文化的意味を担う主体やその振る舞いを構築するプロセスに焦点をあて分析する。そのうえで本章は、災禍をめぐる記念式典にみられる言説や儀礼との対比のなかで、苦難からの救いをめぐるリアリティを考察することを試みる。

なお本章の経験的知見は、二〇一四年から実施してきたアチェ州主催ツナミ記念式典の調査に基づいている。具体的には、毎年一二月二六日に行われる式典の参与観察調査を中心としつつ、そのほか式典参加者や行政機関や宗教者、遺族らへの半構造化インタビューを実施している。

4　インドネシア・アチェのツナミ記念式典

調査対象地の概要と歴史的背景

以上を踏まえ、二〇一五年にアチェ州の州都バンダ・アチェ市周辺で行われたスマトラ島沖地震の記念式典における儀礼や語りを検討する。まず調査対象地およびその歴史的背景をみておきたい。アチェ州はインドネシア共和国最西端に位置し、インド洋およびマラッカ海峡に面する特別州である。その州都バンダ・アチェ市沖合にて、マグニチュード九・一の地震が発生したのは、二〇〇四年一二月二六日午前七時五八分であった。地震発生一五分後に到来した津波によって、バンダ・アチェ市周辺地域に住む五四万人のうち、約九万人の命が奪われ、そのほか約三万人が行方不明となった（西 2014: 26）。なかでも州の都市機能が集中するバンダ・アチェ市は、被災前人口二二万人のうち三割以上が死亡・行方不明となり、スマトラ島沖地震最大の被災地となった。

アチェにおける苦難への応答を記述するにあたって、この地域のイスラームとの歴史的な結びつきを看過することはできない。アチェはインドネシアのなかでも最も早くイスラームに改宗した地域として知られている。一三世紀には東南アジアで最初のイスラーム君主国家（スルタン国）パサイが現在の北アチェ県に誕生し、一六世紀初頭にはアチェ王国――その王都は現在のバンダ・アチェ市（旧称クタラジャ）である――がスマトラ島北部一帯を征服した。その後アチェ王国は、オスマン帝国との同盟関係に支えられながら、胡椒を主要輸出物とする海洋交易国家として繁栄した（Feener 2013: 21）。一六〜一七世紀のアチェ王国の時代、とりわけ地域のイスラーム化を推し進めたイスカンダル・ムダ国王（一六〇七〜一六三六年）の在位期が、現在でも「黄金時代」（Samuels 2012: 18）と称されるのは、当時の経済的繁栄を指してのことのみではない。むしろそこで強調されるのは、当時のアチェが世界的なウンマ（イスラーム共同体）のなかで重要な位置を占めていたという自己意識である。一六世紀以降、アラブ出身のウラマー（法学者）を積極的に受け入れ、メッカと東南アジア間の逗留地となったアチェは、「*Serambi Makkah*（メッカのベランダ）」と呼ばれるようになった（弘末 2004: 37-38）。この呼称は「マレー地域を超えてイスラーム世界の舞台における卓越した役割を担った」（Riddell 2006: 49）というアチェ人のアイデンティティと今も深く結びついている。現在アチェ州がインドネシアで唯一イスラーム法シャリーア *Sharī'a* を自治法として認められることとなった背景には、以上のような歴史的経緯がある。(8)

「神に近づく」ための式典

このようにアチェとイスラームとの歴史的な関係を踏まえたうえで、次に震災発生日に行われたアチェ州主催一一周年ツナミ記念式典をみていきたい。二〇一五年一二月二六日、バンダ・アチェ市からほど近い大アチェ県ランプー地区にて一一周年ツナミ記念式典が挙行された。

アチェ州は震災翌年より、震災発生日ごとに沿岸地区で記念式典を開催している。災害支援国の大使やNPO・NGOといった外部関係者を招待した前年の一〇周年記念式典とは異なり、この年の参加者のほとんどが被災地域の住民であった。メイン会場のモスク *Masjid Rahmatullah* は、住民約六五〇〇人のほとんどが亡くなったランプー地区のなかで、唯一流出を免れた建築物として広く知られている。

当日の式次第は次のように進行した。震災発生日の公式行事として、まずバンダ・アチェ市内のウレレー地区の「墓地訪問」が実施され、その後ランプー地区に移動し式典の「開式」を迎えた。その後「クルアーン読誦」[9]に続き、「県知事挨拶」「州知事挨拶」、そして「孤児への贈呈」が行われる。最後にアル・ラニリー国立イスラーム大学教員による「講話 *Tausiyah*」と「祈り *Doa*」が終わると、一同食事（クンドゥリ *kenduri* と呼ばれる）をとり式典は終了した。

このうちいくつかの特徴的な儀礼について以下でみておきたい。「孤児への贈呈」では、舞台上で州知事および県知事から孤児 *Anak Yatim* の代表者一〇名にバッグなどのプレゼントが贈呈される（写真2－1）。舞台上でプレゼントを受け取る彼らは必ずしも震災遺児ではなく、それゆえこれは単に福祉や慈善といった文脈において捉えられる儀礼ではない。アチェで孤児をあらわす *Anak Yatim* とは、クルアーンやハディースに記されている宗教的善行の対象であり[10]、彼らをクンドゥリなど祝いの席に招待することはアチェの社会的規範の一つである。

また式典の最後に行われるクンドゥリも、アチェでは重要な社会的意味合いをもつ実践であ

写真２－１　11周年ツナミ記念式典における「孤児への贈呈」（2015.12.26　筆者撮影）

る。クンドゥリはイスラーム化以前に遡ることができる共食儀礼であるが、現在はイスラーム文化のなかに文脈化され、葬式や田植え前の集まり、預言者聖誕祭 *Maulid* などの際に地域の共同体単位で実践されている。この日モスクで提供された食事もまた、通常のクンドゥリと同様、その地域の男性が中心となって牛を屠り大鍋で調理したものである。クンドゥリが行われる際は、まず孤児や貧しい人びとが招かれ、その後に集落の成員が食事を始めることが慣習とされている。この点からも単なる食事以上の共同的儀礼という側面がある。(11)

そのほか、アチェのツナミ記念式

写真２－２　ウレレー地区でのズィキルの様子（2015.12.26　Sebastien Boret 撮影）

典を特徴づける実践として、ズィキルと呼ばれる祈りをあげることができる。式典開始前の早朝にウレレー地区集団埋葬地で行われた「墓地訪問」で行われたズィキルは、知事や来賓が参加し行われる公式行事の一部である。集団埋葬地に向きあうテントの下に一同並んで着座し、体を揺らしながら信仰告白 *shahadat*(12) が唱えられる（写真２－２）。そこで後述する講話が行われたのちに、メイン会場に移動し、式典の開式を迎えた。

このようにツナミ発生日における記念行事は、アチェのイスラーム文化が色濃く反映された式次第によって構成されている。そこでは死者の追悼といった主題が前景化されることはない。なぜならこれらの行事は追悼式ではなく、あくまでツナミを「記念するための式典「*Upacara Peringatan*」だからである。さらにそこで憶えられるのは震災だけではない。むしろここでより重要なのは、唯一の神であるアッラーをともに憶える点にこそある。

式典の準備・挙行を担当するアチェ州文化・観光局局長は、記念式典挙行にあたっての哲学として、「内省 *refleksi*」という要素を強調する。式典では「われわれが誰なのか、われわれがどこから来たのか、なぜわれわれは生き残ったのか」[13]、これらを自らに問いかけなければならないと彼は述べる。なぜならアッラーは生き残ったわれわれに、互いに助け合うという使命を与えられたからであるという。

結局のところ、式典において最も大切な哲学はいかに神と近づくかなんだ（中略）つまり、創造主、われわれに対し至高の力と権力をもつ御方と近づくこと。それこそが最も重要なことだから。そしてそれこそが、単に毎年昼食をともにしたり、集まること以上に重要なことだ。[14]

神と人間、そして人間相互の関係をあらわす *Habluminallah Habluminnannas* というアラビア語を添えながら、彼は式典の意義をこのように強調する。

ここからわかる通り、インドネシア・アチェの震災をめぐる公的な記念行事の中心は、神との関係のなかで災禍の意味を理解することにある。では、これら記念行事のなかで災禍はいかに意味づけられるのか。以下では、先述した「墓地訪問」での講話——そこには災禍の意味や死者の位置づけにかんする直接的な言及が含まれている——をとりあげ、検討する。

死者の救いと生者の試練

「墓地訪問」において一人の説教者ウスタズ(15)が行った二〇分ほどの講話はまず「あの日」の回想から始まる。一一年前の「あの日」、建物も人間も流され、悲鳴がこだましていた。あれから一一年が経ち、その後様々な援助を受けて街は今、見違える姿に再建された。神は過去のことも未来のこともすべてご存知である。津波が善きものなのかどうか、われわれ人間にはその背後にある意志を完全に理解することはできない。ある人は神が懲罰 *azab* としてわれわれに津波を与えたというが、そのようなことはない。神はすべて良きものをわれわれに計画されている。むしろ津波は神からの警告 *peringatan* であり、これを受け止め、神に感謝することがわれわれにとってより重要である、と。

この講話は、ハディースにおいて預言者ムハンマドと友人との会話のなかにある殉教者の一節(16)をもとに語られている。ある日預言者が殉教者とはどういう人のことを指すかと問いかけたところ、友人は戦争で亡くなった人びとが殉教者であると答えた。これに対し預言者は、ならば殉教者とされる人びとは極めて少ないだろうと応じ、続けて次のように述べた。

アッラーの道において戦争で亡くなった者、彼は殉教者である。勉学に励む者、宣教する者、彼は殉教者である。重い病気で亡くなった者、彼は殉教者である。内臓の病気・腫れ物でなくなった者、彼は殉教者である。何かとぶつかり亡くなった者、または高い建物から落ちた者、それは殉教者である。産後すぐに亡くなった女性、または妊娠中に亡くなった女性、彼女たちもまた殉教者である。そして海に溺れた者、または波に巻き込まれて死んだ者、彼もまた殉教者である。そのようにして亡くなった者たちに祈るとき、われわれは彼らを殉教者と呼べばよい。〔筆者傍点〕

ここで繰り返される殉教者 *syahid* とは、ムスリムにとって栄誉ある死を遂げた者を指す。殉教者は、罪過を許され、最後の審判に臨むことなく楽園 *Jannah* に導かれることが約束される。すなわち殉教にかんするこの講話は、ツナミによる死が慈悲深い神の意志の下で生じた出来事であり、その限りにおいて死者の救済が約束されていることを含意する。地震によってもたらされた死は決して偶然ではなく、それはすでに「書かれていた」必然的出来事であった。そして津波はアチェ人の道徳的頽廃や、数十年にわたる内戦に対する懲罰などでは決してなく、よりよい信仰 *iman* をもつための神からの「試練」とされるのである。

この講話を、この説教者個人の独創的な見解とみなすことはできない[17]。なぜならツナミで亡くなった人びとが神の恩寵により選ばれたという理解は、アチェの誰もが一度は耳にしたことがある教説だからである。しばしば個人の語り[18]にも見出すことができるこの殉教者という災害死者の位置づけは、一九九九年のトルコ・マルマラ大地震の記念碑にも確認されており（佐島 2016: 6）、イスラーム社会にある程度膾炙した災害理解である。

本節ではインドネシア・アチェにおけるスマトラ島沖地震をめぐる公的な記念行事をみてきた。そこではイスラーム文化と密接に結びついた諸儀礼を通じて一一年前の震災を振り返り、神に近づくための行事が挙行されていた。これらの儀礼や語りでは、災禍をその背後に神の目的がある「試練」として受け止めるよう方向づけるとともに、その犠牲者を殉教者とみなすことで、苦しみからの「救い」が提示されるのである。

5　ツナミの教説が生きられる日常的文脈

救いを約束するアチェの悲嘆の文脈

前節では、二〇〇四年の大津波がもたらした神義論的問いに対する応答をアチェ州主催のツナミ記念式典のなかにみてきた。そこでは、神の介入を前提としたうえで、犠牲者の救済を約束するとともに、生き残ったものへの「警告」や「試練」とする災禍の宗教的言説が確認された。それはアメリカのムスリム知識人の災害理解（Stern 2007）とも共有される現代イスラームの救いの教説の一バリエーションとしてみることができる。しかしながらアチェにおけるこの教説の社会的なリアリティはその神学上の合理性とは異なる位相の文脈に基礎づけられる。

たとえばバンダ・アチェ市内に在住する著名なイスラーム思想の研究者に、津波の犠牲者を殉教者とする解釈について聞くと、こうした講話は「そうであるかのように *as if*」語られるものであると述べる[19]。というのも、そもそも誰が殉教者で誰がそうでないかということは究極的には神以外に知りえないからである。アチェを含むインドネシアの主要なスンナ派のグループがともに重視するアシュアリー派は神学的に予定説と同様の論理構造をもって苦しみを合理化することはすでにみた。すなわち苦難を目的的に合理化するこの神学的立場において、全知全能の神の意思は必ずしも人間によって把握することはできず、救済に対しては不可知論者とならざるをえない。しかし「(それ以外に) 何を語ることができるというのだ」とこのイマームは言う。津波で夫を亡くした夫人に対して、「心配することはない。あなたの夫は殉教者ですから、また楽園でお会いできますよという以外に」。すべての宗教はつねに被害者の側、苦しむものの側に立つものだ、と彼は説く。このように記念式典にみられた苦難からの救いの教説は、それ自体、神学的に首尾一貫した言説というよりは、「大衆」の期待を先取りした教説として語られていることが推察される。

そしてアチェの場合、この救いの教説はアチェ人の歴史的アイデンティティと結びついた日常的文脈に基礎づけられることで、社会的リアリティを獲得する。それはたとえば次のような語りのなかに垣間見られる。

二〇一五年のある夜、わたしはホームステイ先の男性と、その一年前にアチェで出会った女性について話していた。津波で家族全員を失ったその女性は、一〇年という月日が過ぎても「悲しみは日ごとに深まっていく」と涙ながらにわたしに心境を話してくれた。この女性の話をすると彼は「本当に?」と心底驚く様子を見せた。なぜなら彼女のように死を嘆き悲しみ続けることは、アチェ人として決して望ましくない態度だからである。彼はアチェにおける死との向き合い方について次のように話してくれた。

アチェでは、一日五回祈る。それは精神的な準備をもたらしてくれる。いつ死が来ようとも、それを受け入れることができるような準備を。自分の愛する人にいつ死が訪れようとも、わたしたちは準備ができている。だからわたしたちは誰か愛する人が亡くなったとしても、そのことで泣きすぎることを良しとしない。少し泣いてそれで十分なんだ。(中略)わたしたちはほんの少ししか泣くことができない。それで終わりだ。なぜならたくさん泣くことは、人生に起こったことを受け入れていないことを意味するから。

筆者:オッケー、ではたとえばもし僕が泣きすぎると、もしかして。

死んだ人はそのことを喜ばないだろう。それは死を受容していないとみられるし、亡くなった人もそれを見て君のことを喜ばないだろう。もし泣いたとしても、その人が生き返るわけではないし。
筆者：つまり激しく泣くことは、死を悼む方法として不適切だと。
そうそう、死を悼む適切な方法ではない。

彼は、悲嘆をめぐるこの態度をクルアーンを通じて学んだこと、そして父を亡くしたときでさえ自分は涙をこぼさなかったことを教えてくれた。きっぱりと述べるその語り口からは、涙を流し悲嘆に暮れないということが[20]、「強く敬虔なアチェ人」(Samuels 2012: 124) という彼のアイデンティティの重要な一要素を形作っていることが伺える。第4節で述べた通り、イスラームと分かち難く結びつく、「アチェ人」というアイデンティティを前提とするとき、未曾有の大災害のその意味は、その苦難を神が恩寵により与え給うた「試練」として受け止め、その犠牲者の「救い」を疑わず確信するという、日常的文脈のなかに基礎づけられていることが推察される。すなわちこの「敬虔なムスリム」であることを他者、そして自分自身に遂行的に示し続けていくことこそが、津波後の日常生活のなかで災禍の意味を遡及的に再構築していく試みの一部となるのである。

救いの教説との対比から明らかになるリアリティ
しかし前記のエピソードは他方で、支配的な救いの教説によって周縁化される苦難の諸相をも暗示している。というのは月日が経つほどに悲しみが深まるというこの女性の苦しみもまたツナミの意味づけをめぐるリアリティにほかならないからである。

この女性とは二〇一四年のツナミ一〇周年の記念日の二日後に、バンダ・アチェ市内の海岸近くにある聖者シアクアラの墓所で出会った。聖者シアクアラ（Abdur Rauf Singkil）は、一七世紀にクルアーンをマレー語に翻訳したことで東南アジアのイスラームに多大な貢献を果たした人物である。アチェ出身のこのウラマーの墓は、海岸から数十メートルの距離にありながら、ほとんど津波による損傷を受けなかったことで、震災後広く知られるようになり、多くのムスリムを集める祈りの場となった。彼女は、週に数回この墓所の鍵の管理を任されている人物であった。わたしが他の日本人研究者および現地案内人とともに墓を訪れると、震災のことを憶えていてくれてありがとうと述べ、快く中に招いてくださった。墓所を見て回ったのち、彼女はわれわれの求めに応じて震災当時の話を語り始めた。

彼女はこの近くの村で生まれ育ったが、二〇〇四年のツナミによって、家と九人の家族全員を失った。息子の一人は、目前で手を伸ばしたが流されていったという。またほかの息子は、バンダ・アチェ市外で行方不明となった。行方不明者が数年後生きて戻った例もあったため、その帰りを待ち続けたが、彼女の息子は戻ることはなかった。今でも息子が帰ってこないかと家の外に座り一人で待つことがあるが、悲しみは深まるばかりだと、彼女は教えてくれた。聖人の墓所の鍵の管理を任されるほどに「宗教的に熱心な人」として彼女をみていた現地案内人も驚くほどに、彼女は初対面のわたしたちに感情を抑えられないことを詫びつつ、自身の体験と心情を吐露した。

月日が経つほどに悲しみは深まるという彼女の語りは、一見東日本大震災やその他の災禍の一般的な「遺族」の態度として理解可能であるように思える。ただし彼女の苦しみはおそらく、現代日本における災害遺族のそれとは異なる位相のリアリティとして理解すべきであるように思われる。一方で彼女は、ツナミにかんする映画をまだ観ることができないと述べ、「つい昨日のことのように」思い出されるツナミの記憶に苦しんでいることを打ち明ける。他方で彼女は、震災が「すべて神からもたらされた『試練 *cobaan*』であり、わたしたちはまた神に帰るの」と述べ、ツナミが最も早く到達したといわれるこの聖人の墓所にとどまり続けている。彼女もまた記念式典に認められたようなイスラームの救いの教説を耳にし、アチェで期待される悲嘆の態度を身をもって知っているはずである。それにもかかわらず、あるいはそれゆえに、アチェを初めて訪れた非ムスリムと思われる日本人男性に涙を流しながら分かち合わなければならなかったとすれば、この苦難はアチェに膾炙する救いの教説との対比のなかでのみ捉えられるようなリアリティではないだろうか。そしてこのような苦しみの意味をめぐる支配的言説と個別的経験の「妥協」「譲歩」「割愛」といった諸相こそが、現代社会において苦難の神義論という分析概念を通じて把握可能なリアリティなのである。

6　苦難の神義論とアチェを生きること

本章は、苦難の神義論という理論的手立てを通じて、ある社会に流通する主要な言説との対比のなかで、個別的な苦しみのリアリティに接近しようと試みた。その際、ある社会における「苦難へのコーピング」が観察可能な現象として災禍をめぐる記念式典をとりあげ、そこでの儀礼や語りに着目するとともに、それとの差異のなかに津波によってもたらされた苦しみを考察した。その結果、アチェのイスラーム文化および歴史的アイデンティティと結びついた災禍の宗教的理解とともに、そうした言説のなかにあって苦しむリアリティが明らかにされた。

ツナミの犠牲者を「殉教者」とする救いの教説は、厳密に言えば必ずしもツナミ犠牲者全体に敷延することができない宗教的理解である。苦難からの救いを「すべての人びとにとって到達可能なもの」（Weber 1921=1972: 71）とさせるこの言説は、神学的な「妥協」「譲歩」あるいは「割愛」の所産として理解することもできよう。ヴェーバーが指摘する通り、知識人によって作り出された「宗教の与える約束が、苦しむ人びとの救いへの要望に十分に答ええない場合、第二次的に、大衆のあいだに救いの宗教的意識が公式の教説の下位に展開されてくる」（前掲：46）こともしばしばだからである。

この場合、ツナミ記念式典に観察された苦しみを意味づける教説は、いわばアチェの「最大公約数」の人びとが承認可能な苦しみへの応答を、「大衆」の期待を先取りして上演したものとみなすことができる。アチェにおいてそれがイスラーム文化を反映したものとなるのは当然である。苦難の目的的必然性を説くこの救いの教説は、アチェの歴史的な自己意識と極めて親和性の高い物語として苦しみと向き合うことを可能とさせる。他方でこの教説は、期待される「遺族」像と自身の個別的な悩みの諸相との違和感や葛藤をも、逆説的に生み出しうる。この社会的次元における教説と個別的次元における苦難の意味づけの相克は、単に苦難を合理化する宗教的言説という以上の社会的過程として分析されなければならない。

この救いの教説をめぐるリアリティは、アチェの歴史的自己意識やシャリーアという社会制度という個別的文脈のなかに基礎づけられている。「なぜ神がこれをもたらされたのか、なぜ無実の者が苦しみ、なぜ多くのムスリムが犠牲者とならなければならなかったのか」（Stern 2007: 152）という問いは、同じムスリムといえども、他の社会制度のなかにあって異なる様相を見せるであろう。本章では、シャリーアという法制度との関連ではなく、むしろ人びとの日常生活における生きられた規範により焦点をあて、分析を進めてきた。今後は、シャリーアという法制度がスマトラ島沖地震という苦難との関連のなかで、いかにアチェで生きられているのかを検討することで、アチェの事例の特殊性や他の事例との比較といった今後の展開の可能性や限界がより明確なものとなるであろう。

第3章　苦難の神義論から「救いの約束」論へ

第2章では、インドネシア・アチェ州における津波記念行事を考察対象とし、災禍をめぐる社会的次元および個人的次元における苦難へのコーピングを対比的に分析するための理論的手立てとして、苦難の神義論を捉え返した。この過程で明らかになった苦難の神義論の社会学的分析の可能性とともに、その限界をもわれわれは確認する必要があろう。苦難の神義論が、津波の苦しみと向き合うための社会的および個人的態度を分析する際に有効であったのは、それらが「メッカのベランダ」というアチェ社会の歴史的文脈、そして「敬虔なムスリム」というアチェ人の自己意識に基礎づけられていたからである。この個別歴史的文脈との相関のなかに成り立つ苦難へのコーピングの分析枠組みを、他の災禍の儀礼、とりわけ次章以降取り扱う東日本大震災をめぐる慰霊祭や追悼式に適用することの困難について、多くを述べる必要はない。現代社会の苦難へのコーピングを考察するにあたって、われわれは苦難の神義論とは異なる

――しかしながら苦難の神義論と共通の問題関心に根ざす――分析上のキーワードを必要とするのである。

以上を踏まえたうえで本章では、現代社会における災禍をめぐる苦難へのコーピングを分析する際のキーワードを導き出すことをその目的とする。その際、われわれは社会学者マルティン・リーゼブロートの宗教論を手掛かりとして、この試みを始めたい。ここでリーゼブロートの議論を検討するのは、彼がヴェーバーの関心を引き継ぎながら、これを発展させるかたちで、現代社会の様々な苦難への応答――後にみる通りヴェーバーおよびリーゼブロートにとって宗教とは、苦難と向き合う術を提供する社会的営為にほかならない――を比較可能とさせる宗教論を打ちたてようと試みているからである。以下ではまず、社会学者リーゼブロートの宗教論を三つの観点から捕まえたうえで（第1節）、苦難へのコーピングという観点からこれを解釈しなおすとともに（第2節）、ヴェーバーの宗教社会学と対比させながら現代社会に適用可能な分析上のキーワードを導き出すことを試みる（第3節）。

1　マルティン・リーゼブロートの宗教論

マルティン・リーゼブロートが、彼の宗教社会学的研究の集大成として記した、*The Promise*

of Salvation: A Theory of Religion（『救いの約束——宗教の一理論』、二〇〇七年にドイツ語原著出版）は、異なる時代や場所の宗教を比較可能とさせる一般理論を提出することを企図している[1]。彼が、果敢にも宗教の一般理論に挑戦したのは、宗教社会学という学問領域が直面する極めて重大な理論的課題を乗り越えるためである。周知の通り、ポストモダンあるいはポストコロニアリズムと呼ばれる諸々の研究[2]は、「宗教」という概念が近代西洋による「名指し」の営み——The Science of the "West" about the "Rest"（Pels 2003: 6）——のなかで作られたものにすぎないと指摘し、その普遍性を棄却してきた。近代西洋の「発明」の所産である「宗教」概念を無批判に用いることは、植民地主義的な権力関係の維持・強化に加担することにほかならない——かかる主張は、「宗教」を固有の研究対象として措定する学問領域の存立基盤を揺るがす問題を突きつける（芳賀 2007）。リーゼブロートは自身の宗教理論をこの「宗教」概念批判論と対置させながら打ち立てようと試みる。キリスト教をモデルとするビリーフ中心の「宗教」概念によっては、日本の宗教事情を十分に捉えることはできない——このクリーシェ[3]は、少なくともリーゼブロートにとっては解決不能でない学問的課題と主張される。さしあたってここでは彼の宗教論を三つの論点から把握する。

リーゼブロートの宗教論を特徴づける第一の点は、彼が「言語的に基礎づけられたモデル」ではなく「行為のモデル」として宗教を捉える点にある（Riesebrodt 2012: 20）。リーゼブロートは、言説としての「宗教」が普遍化することができないという主張へことさら反論することはない。それでもなお、ほかの何ものにも代えがたい概念として、彼が宗教という概念に固執するのは、たとえ近代西洋が「宗教」という言葉をつくりだす以前においても、様々な時代や文化において、人びとは「人間を超えた諸力」との特定の行為類型を相互に認知し、ときには競合・妥協しながら調停を試みていたからであるという。ユダヤ教、キリスト教、イスラームだけでなく、仏教や神道、儒教やシャーマニズムといった東アジアの諸宗教にかんする膨大な文献資料からリーゼブロートはこの主張を例証する。たとえば、中国における仏教の受容過程においては、原始仏教がいかに儒教や老荘思想における先祖崇拝の慣習をその儀礼的構造のなかに取り込むことによって文化的地位を獲得していったかを示す (ibid.: 27–28)。それは「宗教」という概念がなかったときでさえ、原始仏教と中国の慣習が「人間を超えた諸力」との交渉に関連するかぎりにおいて、一方では境界づけられ、他方ではこの共通の前提のもとに競合し、調停が試みられたかを示しているという。それゆえリーゼブロートはこの実践、すなわち「人間を超えた諸力」との関係を打ち立てる実践を異なる時代や文化を比較するための宗教概念の中心として位置づける。

ではこの「人間を超えた諸力」との相互行為のうち、彼が分析対象とし、様々な時代や文化を比較可能とさせる宗教の実践とはいかなるものなのだろうか。リーゼブロートの宗教論を特徴づける第二の点は、機能主義的宗教論と対置させられる。宗教への機能主義的アプローチは、しばしばアイドルのコンサートやスポーツイベントなど、集団の連帯強化や、集合的アイデンティティの構築に資するあらゆる行為が何らかの宗教的機能をもつとする。このアプローチに対して、リーゼブロートは宗教の果たす役割ではなくその約束に着目する。宗教が約束するものとは何か。それは「人間を超えた諸力」との関係を通じて「災いを遠ざけ、危機を乗り越え、祝福と救いをもたらす」(ibid.: 72) ことにある。「人間を超えた諸力」との関係を打ち立てる実践をリーゼブロートは「介入的実践 (interventionist practice)」と呼ぶ。それは⑴祈りや供儀、占いといった象徴的相互行為、⑵魔除けを身につけるなどの呪術的行為、⑶禁欲を通じたトランスや忘我といった一時的な合一の体験、そして⑷個人のうちに眠る能力を活性化し啓蒙を経験させる行為といった類型を通じて苦難からの救いを約束する。リーゼブロートはこの「救いの約束」という観点から、「アブラハムの宗教 Abrahamic Religions」と彼が呼ぶ、ユダヤ教・キリスト教・イスラームと、仏教・儒教・道教・神道・シャーマニズムにおける東アジアの多元的な宗教実践を対比的に考察していく。リーゼブロートは、救いを約束する実践のうち、とりわけ大衆によって担われる実践として「暦」「ライフサイクル」「(それ以外の) 不定期に行われるもの」という三つの類型をあげ、詳細に分析する[4]。たとえば「暦」にかかわる日本の宗教的実践としては元旦・節分・盆などの年中行事が、「ライフサイクル」にかかわるものとしては結婚・葬儀・七五三など人生の節目ごとの諸行事が、そして「不定期に行われるもの」として占い・願掛け・厄除けといった諸実践があげられる。そうして「人間を超えた (非人格的な) 諸力」との関係のなかで、いかに不幸が遠ざけられ、危機が乗り越えられ、また祝福が祈られているかを例証する。

「救いの約束」をめぐる実践の宗教論を特徴づける第三点目は、宗教にアプローチするためのその方法論にある。リーゼブロートは、これまでの研究における「宗教」への主要な接近方法が、知識人によって構成された教義・世界観への主知主義的アプローチ、インフォーマントの解説に依拠する主観主義的アプローチであったとし、そのいずれもが異なる時代や空間の宗教を比較するにあたって採用することはできないと主張する。(5) これらと対照的にリーゼブロートは典礼それ自身、すなわち「人間と人間を超えた諸力との交わりを導き、その意味を表現し、介入的実践または礼拝のなかで演じられる、あらゆる制度化された諸規則と台本」(ibid.: 84)を宗教の分析対象とする。この限りにおいては、たとえば日本の『延喜式』や『作庭記』といった必ずしも「宗教」とはみなされていなかった様々な資料における行為の手順やタブーもまた、人びとの生活を方向づけ、厄災を遠ざける実践として他の宗教と比較可能とされる。リーゼブロートは、これら身体に埋め込まれる行為者の社会的・文化的意味と、理念型として構築された行為類型との比較のなかに宗教的実践の意味を客観的に推論しうると主張する。宗教を把握し比較可能とするためにリーゼブロートの想定する「典型的な諸条件における典型的な行為者の典型的な利害と動機」とは、不幸を遠ざけ、危機を乗り越え、祝福と救いを求めるというものである。かくしてこの救いを約束する実践に焦点をあてることで、一方の文化的伝統(教理や世界観)や、他方の行為者の主観的意味(宗教性や解釈)など、普遍化不能な諸要素に還元されない、宗教的実践の客観的意味が理解され、様々な文化や時代における宗教が比較可能であると主張するのである。

2　実践的応答としての救いの約束論

「実践のモデル」「救いの約束」「理念型」という相互に関連しあう三つの点に注目しながらみてきたこの宗教論は、出版後ただちに社会学や宗教学の主要な学術雑誌において評されることとなった。このうち一方の反応は、この「時代遅れ」の「グランドセオリー」(Pagis 2011: 375) に対する容赦ない批判である。そこでは従来の宗教にかんする主な研究対象、すなわち神学・教義などの言説の体系、そして儀礼行為者の主観的意味 (McKinnon 2010: 472) を、分析の射程から捨象することへの拒否感が率直に示されるほか、実体論的に捉えられる「宗教」制度を宗教概念から除外することに対する批判も含まれている。[6] またほとんど指摘されることのないものの、ポストコロニアリズムによる「宗教」概念批判に対し、リーゼブロートが実際にそれらを反駁できているかという点は慎重に検証されるべき論点としてあげられよう。[7] しかし他方ではこの理論的挑戦を好意的に捉え、その可能性を批判的に検証しようとする試みもみられる。たとえば英語版出版の一〇カ月後にはシカゴ大学で「宗教の比較――理論と方法」というフォーラムが開催され、そこではヨーロッパ、カナダ、アフリカ、中国や韓国といったフィールドにおける諸宗教の比較が試みられた。その翌年 *Journal for the Scientific Study of Religion* 誌特集号は、様々な地域における経験的知見に照らし合わせた際のリーゼブロートの宗教論の可能性と限界が検討されている。

リーゼブロートの宗教論に寄せられた多様な評価すべてにおいて、おおよそ共有されている前提もある。それはリーゼブロートの宗教論がヴェーバーの宗教社会学を発展させるかたちで構築されているという見解である。リーゼブロート最後の著作であるこの *The Promise of Salvation* を、ヴェーバーの遺稿『経済と社会』の「結論部分（*coda*）である」（Gorski 2011: 1385）と捉える社会学者もいる。ヴェーバーは『経済と社会』第二部第五章の「宗教社会学（宗教的共同体関係の諸類型）」を、「宗教とはなに『である』かを定義することは、以下の論述の結末においてならあるいは可能であるかも知れないが、冒頭からこれを行うことはとうてい不可能である」（ヴェーバー 1976: 3）という一文によって始める。探求の最後に提示されるはずであり、しかしついぞ示されることがなかったヴェーバーの宗教定義を、リーゼブロートは提示しようと試みたというのである(8)。

ヴェーバーの関心と方法論を継承・発展させようと試みるこの試みから、われわれはいかなる有効な展望を開くことができるのだろうか。この観点からすれば、次の批判――そうした意図があったかどうかは別として――は極めて重要な論点を提出している。*History of Religions* 誌(9)

に掲載された宗教学者Ivan Strenskiによるクリティークは端的である。リーゼブロートにとっての宗教は、どうやら人間生活の究極的側面である「実存的危機」に対応するものであるとStrenskiはいう。ここで人間は、「人間を超えた諸力」に介入してもらうことで『危機』、『不幸』、そして『災難』」(Strenski 2014: 314) と初めて向き合うことができる存在として描かれている。しかし、とStrenskiは続ける。危機に見舞われてばかりいるという人間観に基づいた宗教論は、あまりにも多くの側面を見落としてしまうのではないだろうか。むしろデュルケームのように、「通常の生活 (normal life)」を含めたより総体的な人間観を前提として宗教を考えるべきではないのか。こうしてStrenskiはデュルケミアンの立場から、ヴェーバリアンの宗教論を一蹴する。

Strenskiが投げかける疑義は、決して党派的な観点から発せられたものでも、印象的な批判でもない。リーゼブロート自身、*The Promise of Salvation* 結論部にあたる第８章で次のように述べる通りである。宗教は「病や死、干ばつや洪水、統治や戦争」など人間の無力さが感覚される脅威に直面する場面において発生し、「その脅威を人間を超えた諸力との重要な関係のなかに位置づけることにより、パニックに陥いることや絶望することなしに、状況を積極的に処理することを試みることができる。(中略) この実存的意味において宗教は、偶然性への対処の方法なのである」(Riesebrodt 2012: 172)。この引用部分からも、リーゼブロートが宗教 (＝救いの約束) を、苦難をめぐる偶然性への実践的応答として理解していることは明らかであろう。

それゆえリーゼブロートの宗教論があまりにも狭い範囲を考察対象としているのではないかというこの批判は、一理あるどころかその核心部分を射抜くものである。

リーゼブロートの提出した宗教概念がどれほど一般性をもちうるかどうかは、それ自体極めて重要な社会学的課題ではある。しかし本章が模索するのは、様々な宗教を比較可能とさせるような一般概念ではなく、現代社会の「苦難へのコーピング」の仕方を、災禍のあとに行われる諸儀礼のなかに対比的に分析するために有効な視座である。あまりにも苦難に焦点をあてすぎていると評される宗教論は、まさにそうであるがゆえに、本書にとって重要な意義をもつ。かかる観点からリーゼブロートの宗教論を読み直すときにもたらされる展望とは何か。それは救いを約束する実践――リーゼブロートはそれを宗教と呼ぶ――が、様々な文化における「苦難へのコーピング」を比較可能なキーワードであることを示唆する点にある。すなわち苦難への応答としての諸々の実践が、「救いの約束」という理念型との偏差を測ることで、対比的に分析されるという理論的可能性である。しかしながらわれわれはここで問う必要があろう。ヴェーバーの苦難の神義論もまた苦難からの救いにかんする比較宗教社会学を意図して提起されたのではなかったか。ヴェーバーの社会学的関心と方法論を展開させながら宗教論を構築したリーゼブロートは、なぜ現代社会の苦難の経験を考察するための道具立てとして、苦難の神義論ではなく「救いの約束」論をその要諦としたのだろうか。次節ではこの問いをヴェーバー社会学との連続性と差異のなかに明らかにし、「救いの約束」というキーワードからヴェーバー社会学を捉え返すことを試みる。

3　ヴェーバーとリーゼブロートにとっての苦難の問題

そもそもヴェーバーにとって苦難とはいかなる主題だったのか。周知の通り、ヴェーバーは「プロテスタンティズムの倫理と資本主義の精神」および「プロテスタンティズムのゼクテと資本主義の精神」という二つの論文を通じて、近代資本主義を生じせしめた精神が、宗教倫理とそれに基づく実践によって方向づけられたことを明らかにした。ではその他の「世界宗教」の経済倫理の諸特質が、近代西洋にみた資本主義を成立させる精神的基盤たりえなかったのは、どのような理由によるのだろうか。この問いに対しヴェーバーは、ユダヤ教・キリスト教・イスラーム、そして儒教・ヒンドゥー教・仏教という六つの宗教的伝統をとりあげ、その教義でヽヽはなく、生活様式に影響を与える経済倫理およびその最も特徴的な担い手たる社会層に着目して比較対照していく。諸宗教の経済倫理を取り出してみせるこの過程において、彼がとりわけ注意を向けたのが、苦難と、そこからの救いという主題であった。人間の行為を推し進める利害のダイナミクス――この道筋を導く諸宗教の経済倫理を析出するにあたり、ヴェーバーが最も重要とした宗教の特質が、この苦難への応答の形式だったのである。

ところでヴェーバーにとっての苦難は、決して研究上の課題のみに還元されるような主題ではなかったとしばしば指摘される。自身にとって学問はいかなる意味をもつのかとの妻マリアンネの問いに対し、ヴェーバーは「自分がどれだけ堪えられるかを知りたいのだ」と答えた（ヴェーバー 1965: 507）という。実存をめぐる二律背反[10]というこのヴェーバー社会学の主題に触れながら、Iain Wilkinson は、ヴェーバー自身の苦難の経験に引きつけて研究上の課題としての苦難を考察する。ヴェーバーの人生は、「肉体的・精神的な病、感情的混乱、長引く研究上のフラストレーション、政治的野望の挫折、そして世界大戦の惨禍」（Wilkinson 2005: 112）といった「落胆と失敗」に彩られていた。「どうしてこのような不当な苦難、罰せられざる不正、救いようのない愚鈍に満ちた非合理」（ヴェーバー 1984: 93）が、この世界に――よりによってこのわたしに――起こらなければならないのか。実存的問題と研究上の課題双方に深く結びつくこの不条理をめぐる問いに人間はいかに向き合い、またその結果として、いかなる社会現象が導かれるのか。しばしば意図せざる結果をもたらす、この社会学的ダイナミズムを駆動させる「原動力」こそが苦難であり、ヴェーバーはそれへのコーピングのあり方を、宗教の経済倫理にみる救いの諸形式のなかに検討しながら、近代社会を批判的に考察したのである。

　このようにヴェーバーにとって苦難という主題、そして苦難の神義論という分析概念は、彼の比較宗教社会学的研究の隅の要石であった。一方、ヴェーバーの問題関心と方法論を引き継ぎながら自身の宗教論を展開したリーゼブロートにとって、苦難の神義論とはいかなる位置づけをもつものなのだろうか。*The Promise of Salvation* において神義論という語が出てくるのは、「宗教の未来」と題された第8章における次の箇所である。近代における脱魔術化と再魔術化は相互排他的なものではなく、「むしろ相互に規定し合いながら同時に進行する過程でさえある」(Riesebrodt 前掲：178) と述べたうえで、リーゼブロートは次のように述べる。

多くの人びとにとって科学的思考と宗教的思考は異なる次元で働き、本質的には互いに競合することはない。進化論と同時に、創造主たる神を信じる人びとがいる。医師に信頼を置きつつ、それに付け加える形で祈りを捧げたり、ろうそくに火を灯したりもする者も多い。人間の生それ自体にさしたる意味はないとする者であっても、不幸な出来事に苦しむときには、神義論の問題が頭を擡げるのだ。

苦難 *suffering* という語はあらゆるページに見出せるが、神義論 *theodicy* という語が出てくるのはこの一箇所のみである。そもそもヴェーバーでさえ、神義論が「純粋なかたちで姿をあらわしたのもごく例外的なこと」(Weber 1921=1972: 49) であったと述べる通り、知識人層による苦難の合理化の体系が形として表れ出ることは稀であった。しかしたとえ神義論が姿を現すことがなくとも、「神義論の問題」はつねに存在し続けていたのだ——リーゼブロートはこのように捉えていた。よしんば苦難の神義論があったとして、それのみによって苦難をめぐる実存的問題が解決されることはなかった。[11] 一六世紀のカルヴィニストでさえ、予定説によって救われることはなかった。この徹底的に合理的な教説は、むしろ人びとに「私は救われるのか」という不安を突きつけた。「そうした教説を、人びとはどんなにして堪え忍んでいったのだろうか」(ヴェーバー 1989: 172)。この時大衆の要求を掬い上げ、救いを確証せしめる手応えを提供したのは、信仰生活としての経済活動への専心であった。それはカルヴァンの教理からすれば非合理かつ破綻したロジックであったにせよ、[12] プラクティカルな次元においては、より身につまされる救いのリアリティを約束した。この救いのリアリティは、思索によって到達されるものではなく、行為に自己を駆り立てるなかで遂行的に立ち上がり苦難の問題を止揚する。自分が救われる側にいるのか否か、その答えを得るのは今でなく未来にのみ期待されるのであって、約束とはそれを現在において先取りする行為にほかならない。行為遂行性によって特徴づけられるこの「救いの約束」論とは対照的に、苦難の神義論とは救いがすでにもたらされているという事実を確認する言説ということができるだろう。神はすでに救われるべき者たちを予め定めておられている、あるいは過去の罪過の因果によってこの苦しみは不可避であると述べる言説は、この苦難を普遍的な摂理/原則のなかに位置づけることを確認するものである。「救いの約束」論は、苦難の問題を直接的に解決などしない。むしろ「救いの約束」論は、苦難の問題を棚上げしつつ、具体的な実践を通じて未来にその意味を事後遡求的に生じせしめる。「カルヴァン派の信徒は自分で自分の救いを――正確には救いの確信を、と言わねばなるまい――

『造り出す』」（前掲：185）のである。リーゼブロートが苦難の神義論ではなく、「救いの約束」論を自身の宗教論の礎石に据えたのは、社会学的なダイナミズムを駆動させる実践のこの行為遂行的な側面により重点を置いたからなのである。

4　苦難の神義論から救いの約束論へ

リーゼブロートの「救いの約束」論をヴェーバーの苦難の神義論と対比させながらみてきた。ヴェーバーとリーゼブロートは、問いの形は異なるものの、ともに苦難という主題、方法論、そして苦難からの救いがいかに約束されるかという関心のもとに、議論を展開してきた。リーゼブロートは、知識人層の言説の体系ではなく、大衆によって担われる、不幸を遠ざけ、祝福を祈り、救いを約束する実践に焦点をあてて自身の宗教論を構築した。リーゼブロートが提示した、「人間を超えた諸力」との関係のなかで救いを約束する実践は、この理念型との偏差を測ることで様々な文化のバリエーションを対比的に捉えることが可能なキーワードとして位置づけることができる。そしてこの「救いの約束」というキーワードを手掛かりとして、現代社会の苦難をめぐる様々な実践を分析し、その理論的射程を検討することが今後の課題として導かれる。

かかる方向性を踏まえ、現代社会の災禍をめぐる苦難を「救いの約束」をめぐる実践というキーワードを用いながら、次章以降検討する。その際、リーゼブロートが文献資料のなかにみられる「諸規則と台本」を分析対象にしていたのに対し、本書はフィールドワークによって得られた経験的データのなかにこの問題を考察する。さらに「救いの約束」というキーワードを用いるにあたっては、「アブラハムの宗教」の一つであるイスラーム文化圏における苦難の意味づけと実践のあり方と対比させるかたちで、東アジアの一地域である日本の苦難へのコーピングの実践をとりあげる。そうすることで、「救いの約束」論の含意をより明確に論じることが可能となるだろう。

第4章　救いの約束のバリエーション

マックス・ヴェーバーの苦難の神義論は、宗教的な苦難の合理化それ自体ではなく、そこから導かれる社会的帰結の過程を捉えることを目的とした理論的手立てであった。その一つである予定説は、論理的な整合性をもって根元的な不安――救いの偶然性――を信仰者につきつけ、それは近代西洋に特有のエートスを形成する一つの要因となった。「プロテスタンティズムの倫理と資本主義の精神」で描かれたこの社会学的過程が示唆するのは、苦しみに向き合おうとする際にわれわれが求めるのは、苦難の合理的説明やその理屈ではなく、苦難を生きることを可能とさせる行為の道筋であるということにある。知識人層の提供する救いの教説が「苦しむ人びとの救いへの要望に十分に答ええない場合、第二次的に、大衆のあいだに救いの宗教的意識が公式の教説の下位に展開されてくる」（ヴェーバー 1972: 46）。ヴェーバーのいう、この「救いの宗教的意識」はしばしば具体的かつ身体的リアリティを伴う実践の次元において展開される。不幸を遠ざけ、祝福をもたらし、救いを約束する実践を通じて苦難を乗り越える、この苦難へのコーピングの行為遂行的側面に着目したのがマルティン・リーゼブロートの救いの約束論であった。「人間を超えた諸力」との関係のなかで自分を神の道具とみなし、「絶えまない職業労働」に禁欲的に専心することで、救いを確証する。救いの約束論は、苦難の問題を未来に繰り延べしつつ、実践を通じてその有意味性を事後遡求的に「造り出す」試みとして苦難へのコーピングを捉え返す視点を提供する。救いの約束論が、このように苦難の神義論とは異なる形で一六世紀のカルヴィニストの苦難へのコーピングを捉えることを可能とさせるとするならば、これをもってスマトラ島沖地震をめぐるアチェの津波への社会的応答をいかに描写することが可能となるのだろうか。これが本章において考察する第一の課題である。

本章が取り組む課題の第二は、この救いの約束論という観点から現代日本の苦難へのコーピングを考察することである。すでに再三指摘してきたように、苦難の神義論が成り立ちうる社会的文脈は、今日極めて限定されたものとならざるをえない。第一の課題を考察するなかであらためて明らかになるであろうこの問題を踏まえたうえで、現代日本の社会的文脈における苦難へのコーピングを考察することはいかにして可能となるだろうか。リーゼブロートの救いの約束論が、キリスト教やイスラームと対比可能な形で東アジアの「人間を超えた諸力」との多様な文化実践に適用可能な理論的射程をもつものならば、われわれは神義論の不可能性によって特徴づけられる現代日本の苦難のコーピングをもこの観点から取り扱うことができるはずである。

この二つの課題に取り組むにあたり、本章は、スマトラ島沖地震と東日本大震災という二つの経験的事例を通じて、現代社会の苦難へのコーピングを考察していく。まず第2章で考察した、インドネシア・アチェの苦難への応答の仕方を、この救いの約束論から捉え直すとともに、リーゼブロートが十分に検討することのなかった救いの約束論の両義的側面を明らかにする。そのうえでアチェの七年後に生じた東日本大震災という津波災害を事例として、その慰霊祭や追悼式に着目した考察を「救いの約束」というキーワードを用いて試みる。それは主として歴史資料に依拠するリーゼブロートの宗教論に欠けていた現代社会特有の問題に目を向けさせ、経験的次元から救いの約束論を捉え返す視座をもたらすであろう。

1　救いの約束論からみるアチェの苦難へのコーピング

二〇〇四年一二月一八日、三〇〇人のアチェ人ムスリムがメッカに向けてハッジの途についた（Soetjipto 2005）。ハッジ（大巡礼）は、イスラームの五行（信仰告白、礼拝、喜捨、断食、巡礼）に数えられる、すべてのムスリムが果たすことを待ち望む義務である。聖地を訪れるための旅費は決して安くはなく、親族が協力して一人を送り出すための費用を工面することもある。

ハッジの出発前は、家族や友人が遠方から集い、クンドゥリと祈りの時をもってからメッカへ送り出すことがアチェでは通例となっている。その一週間後にアチェを襲った人類史上最大級の津波は、巡礼者を送り出すため故郷に帰省していた家族を奪い去り、祝福と喜びの思い出を最期のひと時に変えることとなった。なぜよりによってこのタイミングで神は津波をこの地にもたらしたのか。その後帰国した巡礼者に限らず多くのアチェ人に少なからず共有された問いであった。

悪や災いが存在することと、全知全能かつ慈悲深い義なる神との関係をいかに矛盾なく理解するのか——それは、イスラームでも古くから問われ続けてきた神学的課題である。この問いに対する立場は、基本的には不可知論となることはすでに第2章にみた。この世のすべての事象に神の神聖なる意思が反映されている。しかしそれは必ずしも有限なる人間の知性によっては理解することができない。二〇一六年にアチェでインタビューした[1]あるイマームは次のように述べる。

> ある家族がいて、その母親は一人の子どもを連れていた。一〇年前に津波で夫を失っていたその母、そして娘に対して何を語ることができるのだろうか。心配しないで、お母さん。あなたにはそばにまだ子どもがいる。あなたの夫は殉教者ですよ。あなたは楽園で彼に会えますよ。彼もあなたを愛していますし、あなたも彼を愛しているのですから。彼は殉教

者です、と単に喜ばせるために（わたしはこう言う）。けれども彼に何が起きたかのかについて誰が本当にわかるというのか。もしかしたら彼は罰せられているかもしれない。誰かを死なせていたり、罪を犯していたかもしれないのだから。

「海に沈んだり、波にまきこまれた人もまた殉教者である」とハディースには書かれているものの、すべての水死者が殉教者というわけではない。誰が殉教者として楽園に導かれ、誰が救いの道から迷い出るのか、それは究極的には神にしか知りえない事柄である。それにもかかわらずこのイマームは「単に喜ばせるため」に、津波で家族を亡くした遺族に対し犠牲者の救いを語る。(2) なぜなら「宗教の意味は、彼らを殉教者と呼び、（遺族を）喜ばせ、それ以上苦しまないようにすることにある」からである。

ただし「大衆」にとって受け入れ可能なものとして語られるこの救いの教説をもってしても、苦難の問題を堪え忍び続けることは容易ではない。モスクや記念式典で震災の記念日ごとに救いの教説が語られ続けるという事実は、一〇年が過ぎてもなお毎年そう語られなければならないほどに、神義論の問題が頭を擡げ続けていることを逆説的に示すのではないだろうか。「わかっている、でも……」（Favret-Saada 1980: 51）という苦難の意味をめぐる問いは「強く敬虔なアチェ人」であってもなお、むしろ「敬虔」であるからこそ、より切実な問題として、とりわけ地震発生日をめぐり問われ続けるのである。

津波の犠牲者はすべて殉教者である、あの津波は苦しみを経てもなお真の信仰を保つことができるのかを試すための「警告／試練」である。来世に向けられたこの「救いの約束」は、アチェの人びとがその後の信仰生活をいかに送るのかによって実現される希望である。とりわけイスラーム法シャリーアという自治法をもつアチェ社会において、この「救いの約束」は生活全般にわたる実践を要求する。あの津波は、全知全能かつ慈悲深い神の意思のなかで起こったものであり、それゆえ悲しむべきではない。涙を見せることなく、むしろ亡くなった家族が楽園に導かれ、そして三〇年に及ぶ内戦から解放されたことを神に感謝する。これを自己と他者、そして何よりも神の前にその生活を通じて示し続けることがアチェ社会で期待される生活規範である。かかる絶え間ない自己審査のその先に初めて自分の救いと殉教者との楽園での再会が約束される。「救いの約束」は、決して内面的な信仰上の課題に還元されることはない、具体的な振る舞いの実践の次元において達成される苦難へのコーピングのあり方であるといえよう。

さらにここでは救いの約束論が極めて近代的な苦難へのコーピングの形式であるということを指摘しておきたい。苦難の神義論は、全知全能かつ慈悲深い義なる神と、悪や災いの存在とを説明する弁証論である。*Ta'lil* と呼ばれる概念のもとにイスラームの知識人のあいだで問われ続けてきたこの神学的アジェンダは、「なぜ（why）」という形をとらないとイスラーム研究者の Mohammded Ghaly はいう。というのは why という問いはそれ自体、*Al-'Aziz*（全能）、*Al-Rahim*（慈悲）、*al-Adl*（義なる方）という神の属性に疑問符を投げかける「不服従」（Ghaly

2014: 384）を含意するからである。それゆえイスラームにおいてこの問題はwhyではなく「どのように（“how” question）」の形式をとるとGhalyは述べる。アチェにおいて本章が描き出してきた救いの約束論における主題は、一見唯一神アッラーを中心に展開しているかに見えるがそうではない。苦難をいかに堪え忍ぶことができるかというとき、その主語は「大衆」である。いかにこの苦難のなかに意味を見出しうるか、そして実践を通じてこの危機を乗り越えるかを問うこの実践の体系は、人間を起点に発せられる極めて近代的な苦難へのコーピングの形式なのである。「なぜ」という問いを発し弁明すべき存在は神ではなく、人間である。ここにわれわれは「弁神論（*theo-dicy*）」と救いの約束論との根本的な相違を確認するとともに、この問題が近代の嫡子たる「神なき神学」、すなわち社会学の重要な考察対象であることを認めることとなる。

2　「救いの約束」の両義性

しかしこの救いの約束論のもつダイナミズムが不可避なものとして含みこんでいる両義性にもわれわれは目を向ける必要があろう。津波の犠牲者を殉教者とし、それを「試練」とみなす苦難の意味づけの実践の体系は、アチェに生きるすべての人びとにとっての救いを約束するものではないからである。バンダ・アチェ市のムスリム人口は九八パーセントを超えるが、それでも中国系住民やバタック人（キリスト教プロテスタント）、そしてヒンドゥー教徒といった非ムスリム系住民も数千人居住している。中国系の商店やレストラン、廟が立ち並ぶ中心地区の一つもまた壊滅的被害を免れなかった。それにもかかわらず、彼ら中国系住民やその他のエスニックマイノリティの存在が記念式典内において可視化されることはない。

津波から一〇年の節目を迎えた二〇一四年一二月二六日の記念行事はバンダ・アチェ市内のBlang Padangという公園で行われた。震災後Thanks to the World Parkと名付けられたこの公園は、震災が起こった日曜日も多くの市民で賑わい、そのうちの少なからずが命を落としたといわれる。式典は、インドネシアの大統領（実際に参加したのは副大統領）や各国大使が招かれ、アチェを支援してきたＮＧＯ・ＮＰＯがこぞってブースを設置する大掛かりなセレモニーだった。むろん式典の式次第は「アチェ人」による「アチェ人」のためのものであった。クルアーン読誦と講和、祈りとクンドゥリによって彩られる式典のなかでエスニック・マイノリティの遺族をみることはなかったし、彼らがわずかでも表象されることはなかった。

一方、その前日の一二月二五日には、四万六〇〇〇人の遺体が眠るシロン地区の集団埋葬地で小さな追悼行事が行われていた。雨の降りしきるなか、ジャカルタから訪れた尼僧が読経し、一〇〇人前後の中国系インドネシア人が供物を捧げ、線香を立て、埋葬された場所に向かって死者儀礼を行っていた（写真４－１）。けれども翌日の震災記念日には、この市内最大の集団埋葬地で中国系の住民を見かける機会は訪れなかった。市内中心部に近いウレレー地区の集団埋葬地では、線香をあげる中国系住民の姿が数人見かけられたものの、彼らは大抵一人でやってきて、手短に線香をあげ、供養を済ませ去っていく(3)。寺院や教会といったイスラーム以外の宗教施設は、通りからはできる限り顕在化しないように建てられており、中国系住民によって震災前は行われていたバロンサイ（獅子舞）も震災後は、一時中断されていた時期があったという。それはアチェにおいてイスラーム以外の宗教が、あくまで私的なものとしてのみ許容され、公的領域からは排除されていることを示している。地震後、多くの遺体は個人が特定されることなく集団埋葬地に埋葬されたが、集団埋葬地のデザインやモニュメントはイスラームのシンボルや言説に支配されている(4)。この集団埋葬地に眠る非ムスリム系住民にはどのような「救い」が約束されうるのだろうか。

写真４－１　中国系住民の供養の様子
（2014.12.26　筆者撮影）

　アチェのとりわけイスラーム

知識人にとって、それはおそらく以下のように答えるほかない問いである。二〇一七年一二月、わたしはバンダ・アチェ市内で一人のイマームと夕食をとりつつ、互いに様々な質問を交わし合っていた。イスラームにおける災禍の意味づけについて一通りわたしが聞き尽くしてしまうと、彼は「お前はどう思うのだ」と災禍の意味づけについて個人的な見解を求めた。わたしは明言を避けつつも、ただたとえば、原爆が日本人に対する懲罰（*azab*）だといわれたとすれば、それはいい気がしないと答えた。なぜならそこには善人も少なからずいたはずだからと。これに対して彼は旧約聖書のヌーフやムーサーといった預言者をあげながら、神は懲罰をもたらされる前に、必ず「善人」を救い出そうと試みると述べた。続けて彼は「けれどもあの津波にかんしては違う（*tetapi berbeda dengan tsunami*）」と一三年前の災禍が例外的であったことを強調する。あの津波はウラマーも含め、「善き人びと」が多く亡くなった。それでも神からの懲罰だといえるのか、神が「善人」を罰したというのか、答えはノーだ。「神の目的がそこにあったのだ。神は救われたのだ（*Hikmah, kasih saya... Allah selamatkan*）」と彼は誰に向けるともなく呟いた。しばらくの沈黙のあと、わたしは尋ねた。「では、もちろん数としては比べるべくもないが、中国系住民はどうなのか。彼らの死は懲罰なのか、それとも警告や試練なのか」と。彼は答えた。

中国人か……中国人にとっては、もし彼らが悔い改めていなかったとすれば、彼らは多神教徒なので懲罰が下されたのだ。もし彼らがムスリムだったならば、彼らの罪は贖われているけれど。(*Bagi orang Cina, mereka belum sempat bertaubat, masih dalam musyrik, mungkin azab. Bagi orang Islam, itu penebus dosa-dosa mereka.*) 悲しいことだ。ただもちろん他の生き残った中国人にはそれは教訓(*pelajaran*)であった。津波のあとにムスリムになった中国人もまた多かったからだ。(5)

前記の語りは、アチェ人にとっての「救いの約束」の臨界を指し示すように思われる。ある主体にとっての「救い」が、それが言説として作動するやいなや、他者にとっての「呪い」ともなりうる――救いの約束論が潜在的に孕む意味論的暴力の側面である。むろんリーゼブロートならば、主張するかもしれない。言説の体系の一義性と比して、救いを約束する実践の多義性はそうした意味のコンフリクトを必ずしも顕在化させることなく乗り越えることを可能とさせるのだと。そうであったとしても、救いの約束論が苦難へのコーピングの積極的側面を一方で捉えながら、他方でその意図せざる結果を十分に描き出していたとはいえないのではないだろうか。(6) ある主体にとっての「救い」となる実践が、同時に苦しむ他者への「呪い」を約束する抑圧的言説(二重の苦難)ともなりうる、苦難の意味をめぐるこの両義的側面のなかにこそ、現代社会における救いの約束論の可能性と限界とを探求する必要がある。すなわち苦難に対して救いを約束する実践が、顕在的であれ潜在的であれ、現代社会の多様なアクター間に生じうる意味のコンフリクトを乗り越える理論的射程をどの程度もちうるのかを検討することが求められるのである。

3　東日本大震災の記念行事における救いの約束

苦難の無意味さを拒絶し、不条理な出来事のなかに、「本来はそれとはまったく無縁であったような積極的な価値表章」(Weber 1921=1972: 47) を事後的に見出そうという実践のあり方、またその両義的側面を、アチェの苦難へのコーピングのなかにみてきた。ただし苦難をめぐる問いに対し、そこからの救いを実践を通じて模索する試みは、いわゆる「宗教」の枠内に限られるものではない。たとえそれが「あとづけ」の目的ないし理由だったとしても、もしそこに潜在的な「救い」が見出せるとするならば、われわれはそれに身を委ね苦難を乗り越えようと試みるのではないだろうか。まだみぬ苦難の意味に対して、来たるべき救いを措定し、実践を通じてそれを現実化たらしめる。神義論的問題の止揚を目指すこの救いの約束論から現代日本における苦難へのコーピングを捉えることとは、苦難の神義論と同様に困難であるとはいえない。もとより本章は、アチェのイスラーム文化と日本の宗教文化の比較を意図するものではないし、それが可能であるとも考えていない。むしろここで試みるのは、救いの約束論から捉えられるアチェの苦しみとの向き合い方から、それとの対比において現代日本における苦難への社会的応答の形式的諸特徴を捉え返すことである。それは東日本大震災の慰霊・追悼をめぐる人びとの心情を描き出すものではないし、ましてや代表するものでもない。しかしながら、災禍をめぐる儀礼的実践のなかでいかなる意味を打ち立てる――救いを約束する――ことができるかという特定の関心に関連する限りにおいて重要な諸点を考察することは可能であるように思われる。以下ではこの観点から宮城県石巻市における公式の津波記念行事を捉え返すことを試みる。

石巻市の慰霊祭・追悼式の「無宗教」性

石巻市は東日本大震災の被災自治体のなかで最も多数の犠牲者を出した地域として知られる。震災前の二〇一一年二月末における石巻市の人口一六万二八二二人のうち、二〇一一年六月時点における死者・行方不明者は約四〇〇〇人にものぼった。その被害の大きさもさることながら、被災地のなかでは比較的アクセスが容易な立地であったために、石巻市は様々なメディアによる報道やボランティア活動が最も集中した自治体の一つであった。

石巻市は震災発生後の一年間に次の二つの記念行事を開催した。まず震災から一〇〇日目にあたる二〇一一年六月一八日、石巻市総合運動公園に設置されたテント内において「東日本大震災犠牲者石巻市慰霊祭」（以下、「慰霊祭」）を挙行した。一〇時三〇分より開始された式典には遺族やボランティア従事者が多数参列し、テント内外に設置された約四〇〇〇席を埋めた。式典会場となった特設テント内には生花で飾られた祭壇が設けられ、その中央に「東日本大震災石巻市犠牲者之霊」と書かれた標柱が立てられた。式次第は黙とうに始まり、市長による式辞、来賓による追悼の辞と続き、遺族代表の言葉が述べられた後に、遺族代表(地区代表七名)、主催者、来賓、一般参列者の順に白いカーネーションが献花台に捧げられた。

また震災から一年を迎えた二〇一二年三月一一日には、石巻市河北総合センターの体育館内において「東日本大震災犠牲者石巻市追悼式」(以下、「追悼式」)が挙行された。会場内には「慰霊祭」と同様に祭壇と標柱が設置された。一四時三〇分より開始された式には約二五〇〇人が参列した。式次第はまず石巻市文化協会による「追悼合唱」が捧げられ、石巻市長による式辞が述べられた。市長の式辞の後、同時刻に国立劇場にて行われていた政府主催の追悼式の映像が会場前方に設置された大型スクリーンに映し出され、震災発生時刻の一四時四六分に一同起立し黙とうが捧げられた。続いて政府主催追悼式における「内閣総理大臣式辞」および「天皇陛下おことば」の中継映像が流された後、来賓による追悼の辞、「ご遺族代表のことば」が捧げられ、献花に移っていった。

上にみた二つの慰霊祭・追悼式は、「無宗教式」と呼ばれる形式で行われている。そこでは宗教的象徴や宗教者の関与が慎重に遠ざけられ、献花や黙とう、合唱といった特定の宗教に限定されないような形の慰霊・追悼行事が行われている。それは「神道司令」に始まり、その後の公共空間と宗教との関係を問い直すいくつかの事件を経て、戦後日本の政府や地方自治体が標準化するようになった記念行事の形式である。

一方、公共の領域の外において宗教者は、震災から五カ月後の八月一三日に、「東日本大震災石巻祈りの集い」という諸宗教合同の記念行事を行っている。神道、仏教、キリスト教、そして新宗教など各教団教派が集い、それぞれが順番に慰霊・追悼の儀礼を行った。一〇〇人ほどの参加者を集めたこの集いのなかで、宮司や僧侶、牧師などの聖職者らは、仙台湾を見下ろす日和山の神社境内より、未だ見つからない多くの行方不明者が眠る海に向かって、祝詞や読経、聖書朗読や手かざしなど犠牲者の霊を慰める諸々の儀礼を行った。最後に、犠牲者の慰霊と復興への祈願をこめて、一同黙とうを捧げている。

石巻市主催の慰霊祭・追悼式と「石巻祈りの集い」と共通するのは、その儀礼が生き残った生者と死者との関係を取り結ぶ点にある。アチェの記念行事が神との関係を取り結ぶための行事であったのに対し、いずれの行事もすべての儀礼や発話は死者に向けられている。慰霊祭・追悼式では「犠牲者之霊」と書かれた白い標柱に向かって、また日和山では鹿島御児神社の鳥居越しに見える仙台湾に向かって、すべての儀礼が行われている(7)。特筆すべきは、たとえ宗教者が集う記念行事であっても、津波を何らかの宗教的解釈枠組みに位置づけ説明する明示的な語りはみられなかった点にある。そこではただ死者の前に立ちそれぞれの仕方で死者の冥福を祈る行事が行われたにとどまる。石巻市における津波の記念行事では、死者との関係を取り結ぶことを主たる形式としながらも、特定の世界観のなかにその原因や目的が求められることはない。

慰霊・追悼の場における救いの約束

石巻市の記念行事に認められる以上の形式を踏まえたうえで、次にこれらの記念行事のなかにみられる発話行為が何を果たしているのかというその遂行性に焦点をあてながらみていきたい。歴史家のポール・コナトンは記念式典で用いられる「祈る」「願う」「感謝する」といった発話をあげ、これらを単に何らかの意味表現ではなく、むしろ言語を伴って遂行される発話行為としてアプローチするべきであると主張している（Connerton 1989=2011: 101–3）。コナトンによれば、これらの発話行為は、「われわれ」という集合的な行為主体を前提として遂行されることで、ある集団に過去の出来事にかんする特定の価値と意味を与える。では石巻市の東日本大震災の記念行事における発話行為は、津波という過去の出来事についていかなる価値と意味を与えているのだろうか。ここで検討するのは慰霊祭・追悼式で行われた式辞等一五編である（表4－1）。

二〇一一年六月一八日の慰霊祭における「御遺族代表の言葉」は次のようなものであった。「尊い命を天に召された御霊の慰霊祭が執り行われる」にあたり、まずはじめに「哀悼の辞」が捧げられる。続いて「あの日」に起きた出来事が回想されたのちに、「未だに信じることができず、悪い夢であってほしい」、「助けることができなかったことを責め続け、心に負った傷は生涯癒されることはない」との思いが述べられ、死者の無念が言及される。その後様々な復興支援に謝意を表するとともに、不安をもちながらも「自分たちの人生を切り開」いていくと

表4－1　石巻市主催の東日本大震災をめぐる災禍の儀礼

「東日本大震災犠牲者石巻市慰霊祭」（2011年6月18日、於：石巻市総合運動公園内特設テント）	式辞：石巻市長
	追悼の辞：内閣総理大臣
	追悼の辞：衆議院議長
	追悼の辞：参議院議長
	追悼の辞：宮城県選出国会議員代表
	追悼の辞：宮城県知事
	追悼の辞：石巻市議会議長
	御遺族代表の言葉
「東日本大震災犠牲者石巻市追悼式」（2012年3月11日、於：石巻市河北総合センター）	式辞：石巻市長
	追悼の辞：宮城県知事
	追悼の辞：石巻市議会議長
	追悼の辞：財務大臣
	ご遺族代表のことば
「東日本大震災一周年追悼式（内閣府主催）」（2012年3月11日、於：国立劇場）	式辞：内閣総理大臣
	天皇陛下おことば（中継映像）

いう未来への固い決意が表明される。最後に「大きな被害を受けた石巻が、元の歴史ある街として、復興していくように、お役に立つことが、亡くなられた人たちへの、何よりの供養である」と述べられ、犠牲者の冥福が祈られる。

遺族代表にかぎらず、市長や議員が式典内で死者に向けて語った発話行為は多かれ少なかれ次のような定型に収束する。まずは式典を執り行うにあたり「追悼の言葉」（追悼式：宮城県知事）や「哀悼の誠」（慰霊祭：参議院議長）が死者に捧げられる。次に、当の出来事が発生した日時とその被害の状況（死者・行方不明者の人数や、破壊された街並）に言及するとともに、現在それをどのように受け止めているかについて語り手の態度が言明される。続いて救援や遺体捜索にかかわった自衛隊や警察・消防および復旧活動に従事した国内外のボランティア団体や個人への謝意が示される。そして最後に、市民や県民、また国民や遺族の代表者として、復興への取り組みが誓われるとともに、死者の冥福への祈りと願いによってまとめられる。

石巻市における津波記念行事では、アチェにみられたような苦難の意味が直接語られることはないし、ましてや災禍の背後にある「神の叡智」や「懲罰／試練」に言及することは今後も決してないであろう。これらの発話行為のなかに認められるのは、宗教的な神義論ではなく、苦しみの意味を何らかの実践によって未来に見出そうとする試みである。慰霊祭や追悼式における式辞や遺族代表の言葉などの語りは、震災で失われた石巻を再建・復興させることで、死者の「無念」に報いていくことを霊前に約束する。悔やみきれない思いを越えて、そこに（「あの死が無駄ではなかった」という意味での）救いがあるとすれば、震災以前の街並を再び築きあげるとともに、この教訓を後世に継承し、二度と同じ悲劇を繰り返さないことであると語られる。これら実現すべき未来を死者に約束することによってはじめて、生き残った者は震災と向き合い、死者を供養し、苦難のなかにある種の救い（価値と意味）を見出そうと試みる。

いわゆる「公式行事」としての記念式典に単なるパフォーマンス以上の意味合いはない、とその役割を過小評価することもできる。式典の儀礼や発話がどのようなものであれ、それを一面的に受け取る人はほとんどいないであろう。また当の主催者側にあっても記念式典は、形式上そうならざるをえないプロトコルを粛々となぞっているにすぎず、死者を前にした誓いや約束は、慣習的な形式に則ったうえでの発言とみなすこともできよう[(8)]。しかしながら、たとえどれほどの月日が経ったとしても、東日本大震災の記念行事における死者への語りかけは、このような形式にならざるをえないだろう。あらゆる宗教的な（あるいは場合によってはナショナルな）犠牲の物語の自明性が問われうる現代社会にあって、津波による喪失、生活の損傷、偶然にも与えられた生に、いかなる意味もないと言い切ることができないとすれば、そこでの救いは何かしらの積極的価値を災後の生活のなかに見出すことにしか、求められえないのではないだろうか。だとすれば死者の前にこれらを約束することで、その（事後遡及的な）救いを発話行為のなかに遂行的に先取りすることしか、記念行事における語り手には残されえない。このように石巻市における慰霊祭・追悼式には、死者との関係を取り結び、残された者が死者に対して災禍からの救いを約束する実践として特徴づけられる。

4　災禍の儀礼の比較社会学の可能性

ここまでインドネシア・アチェにおけるスマトラ島沖地震をめぐる記念行事と、石巻市における東日本大震災をめぐる記念行事をみてきた。二つの記念行事は、そのコンセプトだけでなく、儀礼を基礎づける歴史的文脈や宗教的背景、儀礼や発話行為を向ける対象もまったく異なる。これら文脈の異なる二つの記念行事を比較することはいかなる水準において可能なのだろうか。本章が探求したのは、災後の地域社会において記念日ごとにみられる社会的諸実践の諸形式を照らし合わせ、そこに現代社会における災禍をめぐる苦難へのコーピングのバリエーションをみることを可能とさせるような認識の枠組みである。検討の結果、救いを約束する実践というキーワードは、アチェの宗教的な記念式典と、石巻市の「無宗教」式の慰霊祭や追悼式を対比的に捉えうる可能性が示唆された。

　ところで現代日本の慰霊祭や追悼式には、より現代的かつ望ましい苦難へのコーピングを見出すことができるという結論ほど、本章の意図とかけ離れたものはない。いかなる「救いの約束」もその実践においては両義性を潜在的に含まざるをえない。救いの約束論が、ある目的（不幸を遠ざけ、危機を乗り越え、祝福をもたらす）ための手段（「人間を超えた諸力」とのコミュニケーション）という、〈目的―手段〉連関のなかに、不幸の偶然性を必然化しようと試みる社会的営為であるかぎり、死者を十把一絡げに「犠牲者」としてまつりあげる「あとづけの正当化」言説がときに作動することを避けることはできない。ある望ましい理想の実現を目指すことによって、苦難の有意味性を事後遡及的に造り出すことが、しばしば遺族に複雑な矛盾をつきつけることでもあることは、本書冒頭の「はじめに」で言及した通りである。しかしそれでもわれわれは、おそらく苦難からの救いを――様々なニュアンスの差こそあれ――求めざるをえないのではないのだろうか。不幸な偶然性にいかなる目的や意味も見出すことなく、祝福と災いとを不可分なものとして生活のなかに組み込むある意味での諦念をもって生きることが可能な個人もなかにはいるかもしれない。その際、そうした苦痛へのコーピングが個人的領域を超えていかなる広がりをもちうるのかが今後問われる必要があろう。

第5章 「無宗教」式の慰霊・追悼と「儀礼のエキスパート」

1 ディザスターリチュアル論における「儀礼のエキスパート」

災禍をめぐり記念式典をいかに挙行するかという問題が近年注目されるようになってきている。たとえばアメリカの国家運輸安全委員会が一九九六年に定めた航空災害遺族支援条例では、災害にかかわった航空会社が果たすべき役割の一つとして「遺族へ相談したうえでふさわしい記念式典を執り行うこと」が定められている（Aviation Disaster Family Assistance Act of 1996, SEC 702 (c) (4)）。また二〇〇三年にイギリス内閣府の出したガイドライン *Dealing with Disaster* 第三版においても、公式の記念式典の「タイミングや招待、表現と執行」等について細心の注意を払うとともに「被災者が他者と悲嘆の感情を分かち合う機会」を組織化することが明記されている（Cabinet Office 2003, paragraph 4.59）(1)。これらの制度化は、災害や大規模な事故などのあとに行われる記念式典が、社会的な連帯や包摂の場であり、また潜在的にはコンフリクトや排除が生じうるという認識が共有され、制度化されてきたことを示している。

前記の例は、事故やテロなどを念頭に置いて制度化されたものであるが、災禍がもたらす悲嘆や苦難へ社会としていかに応答するかという問題は、これら人為的災害に限られたものではない。社会学者の Anne Eyre は、災禍のあとに執り行われる集合的な儀礼（Eyre はそれを *Post-disaster Ritual* と呼ぶ）の企画・準備・催行が、コミュニティの社会—心理的回復の重要な過程のなかに位置づけられると主張する。記念式典をいつ、どこで、誰が行うのか。誰を招待し、どのような式次第を行い、誰がどのような発言をするべきか／すべきでないのか。そして最も重要なこととして、これらの事柄を決定するプロセスに誰が参加し、どのようなプロセスで決定することが望ましいのか。これらは遺族や被害者の「悲嘆のプロセスの一部を形づくる儀礼的応答」(Eyre 2001: 257) として検討されるべき重要な問題を含んでいるのである。

公式の記念式典をいかに挙行するかというこの問題について、ディザスターリチュアル論は、「儀礼のエキスパート」という概念を提示する。たとえば *Disaster Ritual* の第4章第1節でとりあげられるエストニア号沈没事故(2)をめぐる記念式典では、平時には潜在化しているスウェーデン国教会（当時）が「集合的なレベルにおいて公的な役割」(ibid.: 194) を担ったと指摘される。執筆者である宗教社会学者 Per Petersson は、沈没事故の記念式典について多くの国民が、国教会の聖職者の諸儀礼や彼らの語る言葉に関心を寄せたことに注目する。Petersson によれば、多文化主義と世俗化が進んだとされる今日のスウェーデン社会[3]においてもなお、国教会と聖職者は幼児洗礼や葬儀などの「人生儀礼」で中心的な役割を担い続けており、災禍のもたらした「危機的状況においても悲嘆・服喪感情に対しコーピングするための適切なツールを提示することを期待され」（ibid.: 192）たのだという。

一方、オランダの災禍のあとに執り行われる儀礼でもまた、地元の聖職者が「鍵となる役割」（Post et al. 2002=2003: 250）を与えられていたと再三指摘される 編著者のポストによれば、彼らは「われわれ自身のうちにある」儀礼のリソースをもとに儀礼を「発明」し、ローカルな文脈に位置づけるすべをもつ人びとである。ディザスターリチュアル論の場合、そうした役割を担うのは「外から引っ張ってこられる」司教（*bishop*）や教会の議長（*synod president*）ではなく、地域教会の神父や牧師であった。ポストは、彼らを「儀礼のエキスパート（*ritual expert*）」[4]（ibid.: 236–37）と呼び、儀礼や典礼の歴史や背景を語る知識人や評論家ら――「儀礼の権威（*ritual authorities*）」――と対比させる。儀礼の意味や機能をメタレベルから評論する「儀礼の権威」と異なり、「儀礼のエキスパート」は様々な言語や象徴的行為を組み合わせ「儀礼的ドラマ」をつくりあげる傑出した意義が与えられる。

すでにみてきたようにアチェの記念行事においては、ムスリム知識人や *Tengku* と呼ばれる人びとが講和やズィキルといった儀礼を通じて小さくない役割を果たしていた。彼らはイスラーム文化というアチェの大多数によって共有される宗教―歴史的背景を前提としつつ、震災を記念する文脈を形づくり、それを日常的な文脈と接合しながら再演するという点において中心的な役割を果たしていた。アチェの災禍を記念する諸行事においても「儀礼のエキスパート」とみなしうる存在を見出すことができたのである。

翻って現代日本の災禍をめぐり行われる慰霊祭や追悼式に目を転じるとき、このような意味における「儀礼のエキスパート」を、われわれはどの程度見出すことが可能だろうか。県や市町村といった自治体が主催する公式の記念式典で式の準備や催行を担うのは、主として自治体職員である。そのなかに慰霊祭や追悼式でいかに振る舞い、何を語り、どのような手順で儀礼を行うのかということについて「熟練する人びと（experts）」が含まれていることは、まったくとはいわないまでも、ほとんどない。災禍によって自身も被災し、家族や友人を弔うこともままならぬまま、膨大な公務に追われつつ市民や町民のための慰霊祭や追悼式の準備に従事しなければならない自治体職員も決して少なくない。被災者であり遺族でもある自治体職員に災禍の儀礼における「エキスパート」としての役割を求めることは困難というべきであろう(5)。

そもそも慰霊や追悼は——とりわけ死者儀礼が集落の外部に委託されるようになった近代以降において——誰もが習熟する機会のないタイプの行為であることを考えれば、死者儀礼の「熟練者」である地元の住職あるいは神職などの宗教者にその公的役割を期待する声もなかにはあるかもしれない。しかし戦後日本で制度化されてきた政教分離の文脈からいえば、公的な記念式典から「宗教」を慎重に排除することは自明の前提である。すでに述べたように、現代日本における「宗教」をめぐる状況を「復興世俗主義」(6)という観点から理解可能だとすれば、慰霊や追悼にかんする宗教者の役割はあくまで私的領域を出ることはない。ディザスターリチュアル論における「儀礼のエキスパート」という観点から、現代日本の災禍の儀礼をみるとき、そこでは「熟練者」どころか儀礼の「素人」によって担われざるをえないという現状をみてとれよう。そして東日本大震災をめぐり開催された慰霊祭や追悼式も――なかには葬儀社の助言を受けて開催した自治体もあったものの――多かれ少なかれ「素人」の手によって執り行われざるをえなかったところが多くあった。

現代日本のこうした状況にかんがみるとき、本章でとりあげる事例は極めて例外的なものである。そこではアートという必ずしも宗教的ではない領域におけるエキスパートが自治体が行う慰霊祭・追悼式において中心的な役割を担っていた。死者儀礼という点においては「素人」の自治体職員が無宗教的な儀礼を組み合わせて執り行うことが一般的な現代日本の慰霊祭・追悼式のあり方を新たな観点から捉え返すための一事例であるように思われる。むろん本事例がどこまで一般性をもちうるのかという点については、様々な留保が必要である。しかしながら、地域社会の背景を踏まえたうえで市民が共有可能な形で、震災を記念する文脈を形作るそのような儀礼の可能性を考察するにあたって決して無意味ではないように思われる。以下ではこの事例から、現代日本の「無宗教」的な慰霊祭・追悼式における「儀礼のエキスパート」の関与のあり方、そして救いの約束論の儀礼的側面について考察することを試みたい。それは「宗教」の公的領域からの排除という現状のなかで、いかなる形でコミュニティとしての苦難へのコーピングが可能かという問題について示唆をもたらすものと思われる。

2　南三陸町の概要と東日本大震災

ここで事例としてとりあげるのは宮城県本吉郡南三陸町における災禍をめぐる記念行事である。まずは南三陸町の概要をみておきたい。南三陸町は二〇〇五年に旧志津川町と旧歌津町が合併して生まれた、東部を太平洋に面し、残り三方を山に囲まれた町である。志津川、戸倉、入谷、歌津という四つの地域からなるこの町は、かつて山間部で養蚕業が盛んであったが、現在はリアス式海岸で行われる漁業のほか林業も熱心に取り組まれている(7)。南三陸町が抱く海域、志津川湾は、県内でも最も養殖が盛んな漁場の一つであり、わかめや昆布をはじめ、牡蠣・帆立貝・ホヤや、銀ザケといった水産物がとられていた。海は南三陸町にとってこれら恵みをもたらすと同時に生活や生命を脅かす存在でもあった。他の東北沿岸部と同様に、南三陸町はこれまで明治、昭和、そして一九六〇年のチリ地震津波と、周期的に津波の影響を受けてきた。とりわけ二〇一一年の東日本大震災においては甚大な人的被害を被ることとなった。町民一万七六六六人のうち、死者五六五名、行方不明者二八〇名とほぼ二〇人に一人の命が三月一一日の津波によって失われ、避難者数は八〇〇〇人近くにのぼった。とりわけ湾の最も奥にあたる志津川は津波の高さが一五〜一六メートルに達し、役場や病院など公共施設や住宅が密集するこの広い平地は壊滅的打撃を受けた。志津川の海岸から約四〇〇メートルの場所にあった南三陸町の防災対策庁舎は、最もよく知られる津波遺構としてその破壊の凄まじさを物語っている。

震災直後においては他の被災地と同様、誰もが家族や知り合いを亡くしたり行方がわからなくなっている危機的状況にあった。個人として受け止めることができる範囲をはるかに超えたこの災禍を前にして、ともに苦難と向き合うための記念行事はいかに執り行うことが可能なのだろうか。ここではまず、南三陸町主催の「慰霊祭」および「追悼式」をみたうえで、この特徴的な取り組みの背景となったアートプロジェクトを記述する。その後、町主催の慰霊祭・追悼式へのアートディレクターの関与を可能とさせた「南三陸の海に思いを届けよう」という月命日ごとの催しをみていく。これらを踏まえたうえで、現代社会において災禍を記念することの可能性について考察する。なお次節以降の記述は、南三陸町で二〇一二年から二〇一五年にかけて実施してきたインタビュー調査、ウェブサイトや映像資料の記録をもとに再構成したものである。

3　町主催の慰霊祭と追悼式

本章で主な焦点をあてるのは一人のアートディレクターと彼女を媒介として南三陸で展開された一連の諸行事である。仙台在住のこのアートディレクターは、仙台を拠点としながら東北地方の様々な地域でアートプロジェクトによる地域おこしや各種イベントのディレクション（国際会議の開会式やコンサートの演出など）の実績を有していた。そして後述する通り、南三陸町においては二〇一〇年より、地域社会の文脈のなかで独自の活動を行ってきた。そして彼女は、震災から半年後の「東日本大震災犠牲者 南三陸町慰霊祭」（以下、「慰霊祭」）、および二〇一二年以降の震災発生日に行われる「追悼式」に中心的にかかわっていくこととなる。本節ではまずこの「慰霊祭」および「追悼式」を記述する。

震災後、南三陸町は町民全体に開かれた「慰霊祭」を震災から半年後の九月一一日に挙行した。その際、このアートディレクターに、祭壇や音響等の手配など式典の演出にかかわる業務が委託された（この詳しい経緯については後述する）。「慰霊祭」の式次第は、他の自治体と比べて決して特異なものではなかった。まずはじめに「東日本大震災犠牲者之霊」と書かれた白い標柱に向かって黙とうが捧げられた。その後、式辞、追悼の辞、遺族代表の言葉が続き、最後に献花が行われた。会場となった南三陸町総合体育館（ベイサイドアリーナ）には、町民約二〇〇〇人が集い、震災の犠牲者に向かって手を合わせた。この「慰霊祭」の演出にあたってアートディレクターは、とりわけ祭壇の飾り付けに力を入れたという。「どこにも負けないものを作ってほしい」と町長が語ったことから、宮城県内陸部のある生花店に祭壇の制作を委託した。その生花店の店主はこの度の津波によって家族を南三陸町で失っていたという。店主の思いも込められた祭壇は海を羽ばたくカモメをモチーフとしたもので、厳粛さと華やかさを兼ね備えたデザインだった。

この「慰霊祭」に引き続き南三陸町は「東日本大震災一周年 南三陸町追悼式」（以下、「追悼式」）の演出もまたこのアートディレクターに委託した。場所は「慰霊祭」と同じベイサイドアリーナで、町民約三〇〇〇人が参加した。「追悼式」の式次第は、「慰霊祭」からいくつかの点が変更されていた。第一の点は、他の自治体の挙行した東日本大震災の「追悼式」と同様、国立劇場で行われた政府主催の「東日本大震災一周年追悼式」が中継放送されたことであった。東北地方沿岸部の自治体が主催した慰霊行事は、そのほとんどが内閣府からの申し出を受け、政府主催の追悼式を中継放送した。南三陸町で行われた「追悼式」では式開始後間もなく、祭壇横に設置された巨大なスクリーンに、政府主催の追悼式の様子が映し出され、参列者は地震発生時刻である一四時四六分に黙とうを捧げ、「内閣総理大臣式辞」および「天皇陛下のおことば」の声に耳を傾けた。

「慰霊祭」の式次第に付け加えられたもう一つの点は、震災前の地域、震災後の様子を歌詞に込めた歌や音楽が合唱・演奏されたことにある。「追悼式」では町内五校の小学生一三五名によって「未来を歌に」と題した歌と演奏が捧げられた。慰霊祭や追悼式のなかで災禍を記念するための歌や音楽が「献奏」されることは決して珍しいことではない(8)。しかし特筆すべきは震災から一年という早い段階でそのような試みがなされたことにある。そこで歌われた歌や奏でられた音楽は、町内の小学生を対象に被災した小学校で行われたワークショップのなかで作詞・作曲され、「わたしたち」の歌として「献奏」された。「追悼式」のハイライトとなった小学生による合唱・合奏は、以下のような経緯で導入された。

アートディレクターは震災後、家と遊び場を失い、親が仕事を失うなかで、努めて明るく振る舞おうとしている子どもたちの姿を見続けてきた。小中学校の教員経験をもつ彼女は、子どもたちに震災を「ちゃんと振り返って、自分自身とまわりの人たちが経験したこと、がんばれたことをちゃんと現実として受け止めさせる」プロセスが必要であると感じた。「慰霊祭」に先立つ八月には町内の小学校を訪問しスクールカウンセラー同席のもと、子どもたちが震災後の日常をどのように過ごしているのかヒアリングを行った。その後、企業からの支援とアーティストらの協力をとりつけて、子どもたちによる歌と音楽づくりのワークショップが企画された。

そのちょうど同じ時期に九月一一日の「慰霊祭」の演出を担当することが決まり、三月一一日の「追悼式」の演出に引き続きかかわることとなったアートディレクターは、いま南三陸で生きる人、そしてあの日南三陸で亡くなった方々に向けて、みんながんばって生きている姿を見てもらえる、そのような場を「追悼式」という場に組み入れようと思い至った。声楽家や有名人の歌声よりも、子どもたちの歌声こそが「追悼式」に集う人びとを元気づけることができるのではないか。役場に相談すると、企画は承認され、そのすべてがアートディレクターに一任されることとなった。その後町内の小学校五校にかけあい、小学校教員と話し合あった結果、各小学校の三年生と四年生のクラスで震災の経験を「わたしたち」の歌として作り上げる活動が進められた。とはいえ、町内の小学校の被害状況は様々であり、また震災後の教育カリキュラムの遅れを取り戻そうと授業スケジュールが過密するなかで、企画の趣旨を理解してもらい協力をとりつけることは容易ではなかった。災害から一年目の節目に、ましてや日曜日の午後に子どもを追悼の場に連れて行くことに対し反対する声があがったこと自体は決して驚くべき反応ではない。アートディレクターは、子どもたちの精神状態へ気を配りつつ、ワークショップを進めた(9)。

このようにして出来上がった小学生による歌と音楽が「追悼式」で披露された。「追悼式」開始前に会場入りした子どもたちは、まず式典会場の標柱に手を合わせ、そののち会場の外で出番を待った。出番がくると会場の二階アリーナ席に入場し、舞台の標柱に向きあって市民交響楽団の演奏に合わせて歌と演奏が始まった（写真５－１）。たとえば、歌津の伊里前小学校四

写真５－１　「追悼式」での合唱の様子
（DVD『南三陸町・未来を歌に』より）

年一組で作詞作曲された歌は次のようなものだった。

水くみ手伝った
支援物資運んだ
みんなのごはん作った
みんなでがれきかたづけ
少ない食料やりくり
がれきは重い　水も重い
みんなで力合わせた　みんなで力合わせた
仕事場なくなった
負けずにお店つくった
がんばり働き出した
流れた船　ひっぱった
シロウオ　サケ　とった
ホヤ　カキ　ワカメ
タネを入れた
みんなで力合わせた　みんなで力合わせた

すべての学校の歌と演奏が終わり会場は大きな拍手に包まれた。当初、式典に子どもたちが参加することや、津波を思い出させる歌を歌わせることに懐疑的であった人びともいた。しかしある小学校の教員は、この歌を作る過程が「初めてクラスとして震災を振り返った」機会だったと述べる。震災というつらく悲しい出来事にぶつかったときも、子どもたちは家族や友だち、地域の人びとと力を合わせて大変な時期を乗り越えてきた。「追悼式」における子どもたちの歌と音楽は、その過程をともに承認し、思いを共有する一つの機会となった。「追悼式」における歌と演奏がそこに参加した人びとに好意的に受け入れられたという事実は、翌年もまた志津川高校生徒を対象とした同様のワークショップを通じて作られた歌が二周年の「追悼式」で歌われたことからも推察される。(10) このように南三陸町の「追悼式」には、役場や小学校教員など様々な町民の協力を受けつつ、音楽家の力を組み合わせながら、小学生だけでなく町民全体がともに震災を記念する独自の儀礼が導入された。企業からの支援やアーティストの協力をとりつけつつ、地域社会の文脈に基づきながら、「われわれ」として震災を向き合うための機会を創出したこの取り組みは、様々な象徴的資源を組み合わせ儀礼のなかで災禍と向き合う文脈を作り出すことで可能となったものとみることが可能であるように思われる。震災後の自治体主催の慰霊祭・追悼式において、アートディレクターが中心的な役割を担いえたのはしかしながら、南三陸町を拠点とした震災以前に遡る彼女の取り組み、そして震災後の活動という背景抜きに説明することはできない。そこで次節では「きりこプロジェクト」と「南三陸の海に思いを届けよう」という二つの取り組みを記述し、災禍の儀礼という観点からみられる地域社会とアートの関係について考察を進めたい。

4　アートとしての「きりこプロジェクト」

震災以前の「きりこプロジェクト」

「きりこプロジェクト」は、震災の前年に南三陸町からの依頼により町の地域資源を掘り起こすアートプロジェクトの一つとして始められたものである。二〇一〇年の夏に始まったこのプロジェクトは、二〇代から三〇代の町の女性が集まり、町の旧家や商店を訪ね歩きながら、その家や店ごとの歴史や思い出、大事にしている宝物などを聞き取るという取材活動に始まる。そうして聞き取られた地域社会や個々人のエピソードを、その後オリジナルなシンボルとして障子紙に切り抜き、それぞれの店や家の軒先に掲げるという活動を主軸として展開された。

「きりこ」とは、宮城県や岩手県にみられる神棚の正月飾りの伝承切り紙をモチーフとする、アートとしての切り紙であり、素材と見た目は似ているものの、各神社に伝わる伝承切り紙とは明確に区別される。そもそも伝承切り紙とは、正月に神棚に飾るために、神職が代々同じ絵

表5－1 「きりこ」のデザインと種類

	伝承切り紙（総称なし）	アートとしての「きりこ」
図柄	伝承された吉祥柄	オリジナル
形式	幣束形式、切り透かし形式、紙注連形式	切り透かし形式のみ
時期	年末に配布し取り替える正月飾り	8月に制作
製作者	基本的には神職のみ	誰でも可能
配布と飾りつけ	神社から氏子に配布され、各自神棚に飾りつけ	各商店や家々の軒先にアートプロジェクトの参加者が飾りつけ

柄を切り抜き、氏子に配布するものである。伝承切り紙は大きくわけて幣束形式と切り透かし形式と紙注連形式の三つの形式があり、そのデザインや種類の数は神社ごとに異なる。「きりこプロジェクト」がモチーフとした切り透かし形式も、実際には「キリスカシ」「キリヌキ」「オカザリ」など異なる呼称が用いられており、統一された総称はない。[11] それゆえ以下で「きりこ」というとき、それは正月飾りの伝承切り紙とは明確に区別される、あくまで本アートプロジェクトの創作物を指す[12]（表5－3）。

以上を踏まえたうえで、まずはこのプロジェクトの意図を、その中心となったアートディレクターの言葉からみていきたい。

〔通常、鯛といった縁起物の吉祥柄が切り抜かれる伝承切り紙に対し、〕もし切り抜かれたモチーフが今を生きる町の人のことだったら、彼らの思い出や歴史を、きりこのもつ祝祭感によって、かけがえのない物語に変換することができるのではないか。人々の心のなかに大切にしまわれている

写真5－2　松月旅館の「きりこ」（http://www.envisi.org/2010/page/8/　2019.9.1 閲覧）

記憶を可視化し、町のみなさんと共有できるのではないか。[13]

伝承切り紙の様式を用いてまったく別のこと、[14]すなわち埋もれた「記憶の可視化」とその「共有」を目的にしてこのプロジェクトは進められた。埋もれていた様々な物語やエピソードを「きりこ」として飾り、また町の風景とともに撮影して記録していき、最終的には約六五〇枚の「きりこ」が町の中心地に飾られることとなった。

以下にいくつかの「きりこ」を紹介したい。写真5－2は八幡橋のたもとにあった松月旅館の「きりこ」である。ちょうどその裏手に防災対策庁舎が建っていたこの近辺には、戦前人びとが小舟をつける舟着き場があった。市もたっており、人の出入りが多かったこの付近には料理屋や旅館が多く出来た。その一つであった「清水亭」という料理屋がのちに「松月旅館」

ということとなった。

というこの旅館になった。聞き取られたこのエピソードをもとに「松」と「月」と「船」というシンボルが切り出されることとなった。

写真５－３にみられる「きりこ」は、五日町にあった五〇〇坪もの敷地がある旧家での聞き取りをもとに作られたものである。築一〇〇年を超えるこの旧家は、大火事もチリ地震の津波も乗り越えた立派な邸宅で、かつては本宅・土蔵・畑・池・蒸し蔵・倉庫・庭などがあったという。門のすぐ右側にあった蔵はもともと繭の蒸し蔵であり、大量の繭を製糸工場におさめていた時代の名残だという。以前はほとんど誰もみたことがなかったこの屋敷のエピソードもまた、プロジェクトによって「発掘」されたものだった。向かい合う馬のデザインは、チリ地震津波の前まで裏庭に飼っていた農耕馬をもとに、この家のシンボルとして切り抜いたものである。

町に嫁いできた女性たちが

写真５－３　芳賀家の「きりこ」と土蔵
（http://www.envisi.org/kiriko_project/　2019.9.1 閲覧）

「おそるおそる町に出て」、手探りで取材し「この町で生きて来た方たちの多様な人生をきりこ一枚一枚に刻みつけ」（吉川 2011: 42–43）る。このように進められた「きりこ」プロジェクトは、その営み自体がともすれば町内ですら忘れられていたり、最近町外から来た人びとには伺い知れないような「町の記憶」を可視化するとともに、遠くは外国から嫁いできた彼女らが「お嫁」として町で生きていくための足場をつくる機会となった(15)。それはまた結果として、志津川地区中心市街地の風景、そこに住む人びと、そしてその歴史を思い起こすための最も詳細な震災前の記録として残されることとなった。二〇一一年の二月には初年度のプロジェクトの報告会が開かれ、一四〇人もの町民がこれに参加した。その成果を踏まえたうえで、来たる夏の第二回プロジェクトに向けた打ち合わせが行われたのが、二〇一一年三月初旬である。津波が町を襲ったのはこの一週間後のことだった。

震災以降の「きりこプロジェクト」

震災によって「きりこプロジェクト」にかかわっていた一人が命を落とした。かろうじて難を逃れたメンバーもまた、震災後の混乱のなかでそれどころではなくなっていた。しかしそのような状況にあるからこそ、たとえ参加できるメンバーが限られていたとしても、震災前の日常を思い起こし、つむぎ直す意義もあるのだと、二〇一二年に「きりこプロジェクト」が再開されることとなった。しかし震災後の「きりこプロジェクト」は、新たな要素が必然的に伴う取り組みとなった。震災後新たに行われた取材をもとに切り抜かれた「きりこ」は、今は見ることはできなくなった風景や会うことのできなくなった人びとを思い出し、津波以前と以降の生活を可視化し、震災と向き合う機会を作り出すものとなった(16)。

たとえば震災後に作られた一つの「きりこ」は、次のような記憶や語りをもとに切り抜かれたものである。二〇一二年の「きりこプロジェクト」に参加していた一人の小学生が町内のある薬局の「きりこ」を作った。その女の子は薬局の受付に置かれた水槽でウーパールーパーが飼われているので、それを絵柄にした。妹が作った「きりこ」を見て、中学生の兄がその薬局の娘さんについて話してくれた。震災後、薬局の次女は病によって亡くなっていたが、生前ウーパールーパーをテーマとした作文を書き、それが岐阜の島崎藤村記念文芸祭で表彰された。そのためその兄はウーパールーパーと、同級生だった亡くなった薬局の次女の関係を知っていたのだ。ウーパールーパーが薬局を営む家族にとって、その次女を思い出させるものであることを、その時「きりこプロジェクト」の参加者たちは初めて知った。その後、笑顔のウーパールーパーが薬の瓶を差し出す絵柄の「きりこ」が薬局に届けられた。「きりこ」を見た薬局の店主らは、涙をこらえ喜んだという。震災後、病によって亡くなっていた娘さんを思い起こすものが第三者の手によってもたらされたことは、その家族にとって大きな癒やしになった。

このほか自分の家のきりこを作りたいと、震災後初めてきりこ作りに参加した女性もいた。津波で両親を失ったこの女性は、家族以外の人たちがきりこを通して在りし日の両親の姿を思

写真５－４　「きりこプロジェクト」（2013.8.23　吉川由美撮影）

い出してくれることを期待して、このプロジェクトに参加したという。このように「きりこプロジェクト」には、震災後亡き人を偲ぶという、儀礼的な側面が付随するようになった。

二〇一二年は切り紙アートの「きりこ」のほかに、「きりこボード」と呼ばれる作品も作られた（写真５－４）。「きりこ」の図柄や復興に向けた町民の姿をコメントの形にした「メッセージ」を白いアルミ複合板を素材としたボードとして作成し、基礎を残して流されてしまった建物の跡地に設置するものである。「きりこボード」は当初、町で今がんばっている人がたくさんいることを町外から訪れる人びとや町民自身に向けて示すという意味合いが強かった。しかし海に向けて「自然と」設置された「きりこボード」には、結果的に亡くなった方々に見てもらうという意味合いも伴った。

これらボードが設置された二〇一二年の夏は、かつての中心市街地のがれきがほとんど撤去され、生い茂る草の合間に基礎が見え隠れするような光景が広がり始めていた時期であった。七月にプロジェクトの趣旨を説明して回ったときに、「やってけろやってけろ」と皆が了承したのは、そういう時期が関係していたと、このアートディレクターは振り返る。地盤沈下した町の中心部は、大潮のときには浸水し、基礎もなくなれば、いよいよどこに誰の家があったかもわからなくなってしまう。そんななか家や商店の敷地に建てられた六一枚の「きりこボード」は、かつての町の記憶をとどめる数少ないしるしとなった[17]。このように震災後再開した「きりこプロジェクト」は、今生きている人びとに過去の記憶を喚起するとともに、失われたものへと思いを向ける機会を提供するものとなった。記憶を手繰り寄せ、それを具現化して共有する。アートディレクターの果たした役割は、そうした記念の場を作り出すことにあったといえる。この取り組みはまた、震災後の「慰霊祭」「追悼式」と共通する現代社会におけるアートが寄与しうる一つの側面をあらわしているように思われる。これらを踏まえたうえで、震災後の「慰霊祭」「追悼式」とより直接的に関係する、もう一つの取り組みを次節でみてみたい。

5　「南三陸町の海に思いを届けよう」

「きりこプロジェクト」を指揮したこのアートディレクターは、震災発生後、すぐに仙台から支援物資を積んで町を訪れた。難を逃れた町民と再会するなかで、彼女は町民の多くが混乱の只中にあることに気づかされたという。日本全国から目まぐるしく訪れる有名人や政治家、ボランティア団体に励まされつつも、非日常的な狂騒のなかで人びとが「いま自分がどんな状態なのか」把握するどころか、震災という出来事と向き合う余裕さえない町民の現状に対し、彼女は「とにかく、まず何よりも、悲しいって気持ちを出す場が必要だと思った[18]」という。

別の機会にインタビューしたある役場職員は、次のように震災後の日々を追想する。当時は皆、食事や衣服などに困窮していたが、それ以上にかつての同僚や知人といった「死んだ人たちに対して何にもしないで、がむしゃらに生きることだけをしていく」ことに引っかかりを覚えていた。「弔うことをしないで、自分が生きてることが良いのか悪いのかと思ってしまっていた[19]」。一方では「いつ、どこに手を合わせればいいかわからない」という町民の声があり、他方では遺体が見つからない方も多いなか、「もう死んだ」こととして追悼の催しを開くこともできない。相矛盾する声が錯綜するなかでこのアートディレクターは、役場や商店街の人び

写真5－5　「南三陸の海に思いを届けよう」
（2011.5.11　福田沙織撮影）

とと相談したうえで、「追悼」と銘打つことはせず、月命日の一一日ごとに「南三陸の海に思いを届けよう」と題した催しを提案した。

「南三陸の海に思いを届けよう」の第一回は、震災の二カ月目にあたる五月一一日の震災発生時刻に志津川中学校の校庭で行われた。志津川中学校は、志津川町の全景と海を見下ろすことのできる高台にある。ジャージ姿の中学生や自衛隊員[20]、商店街の人びと、アートNPOや報道関係者など三〇〇人以上が集い、手作りのキャンドルを持って町と海を見下ろすことのできる崖の上にしばし佇むという催しを企画した（写真5－5）。催しの様子はUstreamという動画配信サイトを通して南三陸町からの避難者が集まる登米市や大崎市など集団避難先（計七カ所）に同時中継された。催しは次のように進められた[21]。

まず、クラシックギターの演奏とともに司会者によって集いの趣旨が説明された。続いて一四時四六分には犠牲者へ黙とうが捧げられた。その後、南三陸町佐藤仁町長より参加者に対して二カ月前の大津波を振り返る挨拶が読み上げられた。続いて仙台在住の詩人、大越桂氏の詩「朝の月」[22]が「ダニーボーイ」のメロディーに乗せて歌われるなか、ペットボトルを切り抜いて製作されたホルダーに灯されたキャンドルが参加者一人ひとりに手渡された。その後、一同海の見えるガードレール沿いに移動し、「思いを届ける」時間がもたれた。ほどなく司会から、南三陸町に津波が到達した時間であることが告げられ、亡くなられた方々に対してあらためて思いを届けようと呼びかけられた。その後、校庭に戻り、南三陸復興市実行委員会委員長より閉会の挨拶が述べられた。

震災から三カ月目にあたる六月一一日には同じ志津川中学校で第二回の「南三陸の海に思いを届けよう」が執り行われた。屋内の会場ではロバート・キャンベル氏の講演会が行われた。キャンベル氏は若山牧水や宮沢賢治、石川啄木らの文学に言及し、白い鳥や花などに思いを託し、苦しみや悲しみと間接的に向き合う日本独特の表現方法について講演した。その後町長の挨拶を経て、震災発生時刻には屋外の三階美術室テラスより弦楽楽器の二重奏が奏でられ、海に向かって黙とうが捧げられた。最後は一カ月前と同様、商店会会長の挨拶で会が締めくくら

写真5－6　「南三陸の海に思いを届けよう」（2011.8.11　吉川由美撮影）

れた。

七月一一日の「南三陸の海に思いを届けよう」は、当時最も大きな集団避難先の一つであった南三陸町ホテル観洋ロビーにて行われた。中継先である中新田交流センターから、南三陸町からの避難者の一人によってSkypeを通じて現在の思いが語られた。一四時四六分には、一同ホテルロビーよりガラス越しに見える志津川湾に向かって黙とうした。商店会会長の挨拶のあと、三〇分ほど弦楽四重奏の演奏に耳を傾けた。

最終回となった八月一一日はかつて海水浴場があった袖浜の海岸で行われた。これほど海に近づいたのは震災以降初めてという人も多く、「まだおっかない」「憎たらしくて海を直視できない」という声もあったという。はじめに主催者および町長の挨拶の後、詩人工藤直子の「海のはじまり」が朗読された。そして震災発生時刻にはこれまでと同様、黙とうが捧げられた。参加者は波打ち際に近づき、クラシックギターとオペラ歌手の歌声とともに海と向き合い静かに時を過ごした。若い漁師たちは一列になって肩を組み、ほかの人は砂浜に腰を下ろし、思い思いの形で海を眺めた(写真5－6)。

このように、「南三陸の海に思いを届けよう」という月命日ごとの催しは、非公式ながら多くの町民に開かれた集いとして開催された。催しの様子はすべてUstreamで各避難所に中継され、内陸部に避難した人びともまた慣れ親しんだ南三陸町の海をともに食い入るように眺めた。ともに海を眺めることで「自分自身と向き合いながら、心を整理し」、皆で悲しみを共有するという趣旨が繰り返し説明された。町長や商店会長は、町の復興こそが犠牲者の死に報いる方法であると繰り返し挨拶のなかで述べた[23]。震災以降「おっかない」場所、そして亡くなった方々を想起せざるをえない場所となった海に「思いを届ける」ことで、一人ひとりがともに震災と向き合う場がこのようにデザインされた。二〇一一年五月から八月にかけて月命日ごとに行われた「南三陸の海に思いを届けよう」に引き続き、アートディレクターは、町主催の「慰霊祭」および「追悼式」の演出も引き受けることとなった。

6 「記念の作業」と苦難のコレオグラフ

震災後に行われた町主催の式典、また震災に先立つ「きりこプロジェクト」、そして町長や町民が参加した「南三陸の海に思いを届けよう」をこれまでみてきた。震災前年より築かれていた役場や商店街、町民との関係にもとづき、このアートディレクターはこれらの取り組みの中心的な役割を果たしていた。南三陸町で行われたこれらの催しのなかで、アートディレクターが果たした役割は「記念の作業」の場の創出であった。「きりこプロジェクト」は、その地域で生きられてきた様々な記憶を掘り起こし、共有するものだった。震災後の「南三陸町の海に思いを届けよう」は、参加者がともにクラシックギターの音色と声楽家の歌声に耳を傾けつつ、特定の時間・場所（町外の避難所についてはバーチャルにではあれど）を共有し、同じ方向を眺めるという催しだった。身体と五感を集中させるその対象は、震災以前と震災以降の記憶、そして震災によって奪われた家族や友人と分かち難く結びつけられている海だった。そして「慰霊祭」「追悼式」で披露された小学校児童の歌や奏楽は、震災前の町の「きれいなところ」、震災後に「しあわせだったこと」、「この一年間がんばったこと」などを主題とするものだった。それは子どもたちだけでなく、他の町民やボランティア、自衛隊員にとってもこの一年の「記憶をポジティブに整理して、もう一回引き出しの中にしまう」（吉川 2015: 39）機会を作り出すものとして行われた。

これら「記念の作業」の共同的な営みをわれわれはどのように理解することができるのだろうか。以下では心理学や人類学における知見を補助線としながら、災禍の儀礼とアートという問題について考察を深めてみたい。心理学者の南博文と澤田英三によれば、「重要な人との死別、事故などによる身体の後天的障害、自然災害による家屋、コミュニティの破壊といった（中略）生活世界の中核部を揺るがせる」（南・澤田 1990: 140）危機的移行の過程において、「記念の作業」は極めて重要な役割を果たすという。南と澤田は、大学卒業とその後の生活にかんする面接調査を通じて、不安定な移行過程前後に被調査者が行った行為を考察する。南と澤田によれば、ある被調査者は卒業後の四月から六月にかけて、「なぜか調子が悪」くなり、いつともなく三月以前の記憶と感情が「ふと頭に浮か」んだりと「想いの現出と消失を『コントロールできない』状態」に陥った。その時期、この被調査者がしきりに行っていたのが卒業旅行や卒業写真の整理だったという。何気なく始めたアルバムの整理は、その後二、三週間「授業そっちのけ」(24)で没頭することとなった。この行動のなかに南と澤田は、「『もう再現することができない』失われた過去にもう一度身を置き、その中で具体的な『写真の整理』という作業を通じて、内的にも過去を整理し、『大学時代はこうだったんだ』と意味づける」（前掲：144）過程を見出す。それは体験を「物の中に象徴的に結晶化」することで「物理的にも心理的にも一定の秩序の下に『位置づけ』（中略）折り合いをつける」作業であったという。すなわち

「記念の作業」とは、経験に特定の形式と様式を与えることで、危機的移行状況を乗り越えさせる効果をもつ行為であると示唆される。

南と澤田のこの心理学的知見は、人類学者の飯嶋秀治の儀礼論に援用され展開された。飯嶋によれば、儀礼とはそれに参加する人びとの身体をある規則や慣習に委ねさせることで、体験を遡及的に編成する効果にその特質が求められる。体験を遡求的に編成する効果とは、ある特定の行為に――必ずしもその意味を問うことなく――参入させることで、体験そのものではなく、その体験への態度＝認知を変容させる、そのような儀礼の効果を指す。ここで飯嶋が強調するのは、体験を編成するこの象徴的行為が、「主体的に解決しうる問題を超えて、生の存立を支える関係が動揺する不覚的な状況」（飯嶋 2000: 403）において発動する点にある。飯嶋は自身の儀礼論の射程を「一定の規約的行為群により内界の編成をせねばならぬ程の動揺」がもたらされる「危機儀礼」（前掲：410）にひとまず措定したうえで、それぞれのフィールドで身体技法をつぶさに観察しながらそのリアリティを検討することを儀礼論の展望として掲げる。

かかる儀礼論を飯嶋は「余りにも特殊な状況」に照準を当てすぎていると認めるが、それはまさに本章がとりあげる事例と親和性の高い枠組みである。特定の時間、場所で、ともに海を眺めるという規約的行為は、この儀礼的装置に自身の身体を投げ出すことで、「主体性を保持しながら、事態への体験様式を変化させて、事態を乗り越えてしまう」（前掲：408）ことを可能とさせる。このように儀礼を捉えるとするならば、南三陸でアートディレクターが主導した

「記念の作業」は、「事態そのものではなく、事態への存在の仕方を変えることで、不確定性に抗する生を持続させる技法」（前掲）として捉え返すことが可能であるように思われる。

アートディレクターは、この町で生きられてきた様々な素材を組み合わせ、町民が共有可能なコンテクストのなかで、参加者がそれぞれにともに身を委ねることができる行為の様式を作り出していた。震災前に役場から依頼されて以降、彼女はつねにその取り組みが「町の人にとっての必然になるように文脈をつくって」いたと述べる。「おらほ」という主体を内発的に立ち上がらせるコミュニケーションを形成するこの工夫によって、参加者一人ひとりが主体性を確保したうえで、災禍や亡くなった人びとと向き合うための場が作りあげられていたことが推察される。かかる技法はディザスターリチュアル論における「儀礼のエキスパート」と多くの点で類似するものとして理解可能である。

もちろんそれは苦難からの救いの約束という観点からすれば——とりわけアチェのイスラームの世界観に基礎づけられたそれと比較するときには——別種の複雑さをもつ苦難へのコーピングかもしれない。しかしながら、この特定の宗教に還元されることない多義的な実践によってこそ、人びとは一人ひとりとしてともに、生の存立が揺るがされる苦難と向き合い、震災の経験に「形を与える（choreograph）」[25]ことが部分的に可能だったのではないだろうか。それがどの程度、どれほどの範囲の人びとに妥当していたのか、より詳細に調べていく必要はあるものの、この事例は「無宗教」の災禍の儀礼を考えるうえで一つの重要な方向性を示唆している。

第6章　儀礼のディレクション（演出／方向）と「われわれ」のダイナミズム

1　非常な死への社会的応答

突然襲いかかる災害や事故、あるいはテロなどの危機に対して、われわれはどのように向き合うことができるだろうか。社会学者のウルリッヒ・ベックによれば、これらの危機に対し「今日われわれは、明日の問題である危険を防止し、和らげ、対策を考えるために行動を起こすか、さもなければ何もしないかのどちらかである」（Beck 1986=1998: 46–47）という。しかし危機に対してわれわれは、ただ現実的予防措置を講ずるのみではない。われわれはしばしば公共の場で追悼や慰霊など、死者をめぐる儀礼を行う。それらは、現場に花を手向ける、手を合わせる、玩具や菓子を供えるなどの諸個人の実践から、慰霊祭、追悼式、記念式典などの集合的儀礼まで様々なものがあるが、ここでは後者の公共的事象に注目する。震災や洪水、列車事故や公害病被害など非常な死を伴うこれらの出来事のあとには、慰霊祭や追悼式、「〜の集い」などの名で、死者に向かって様々な儀礼が公の場で行われる。そこは「彼らの死は「われわれ」にとってなんだったのか」、という問いが儀礼的手立てのなかにあらわれる場である。本章では、長崎市原爆慰霊行事を事例として、慰霊や追悼といった社会的営為を観察し、災禍によって亡くなった死者と、偶然にも生き残った生者の関係が様々な形で立ち現れ、維持され、変化する過程をみていく。そのなかで、何が死者と生者の関係を変容せしめるのかを問いながら、死をめぐる「われわれ」の経験がどのような社会関係のもとに意味づけられるのかを考察する。

2　儀礼の変容を記述する

通時的観察からみる死者と生者の関係

これまで人類学や民俗学などにおける儀礼研究の多くは同時代の事例観察や民俗誌をもとに、その形態や機能、構造といったものに焦点をあててきた。このような状況を踏まえ人類学者の内堀基光は、J・グディの論考を引きながら、「儀礼の機能は静止的な条件のもとでよりも、変化しつつある条件のもとでこそ一層明らかにしうるはずだ」（内堀 1989: 19）と述べ、儀礼を通時的視点から捉える意義を強調している。これまでの儀礼研究は「ながく人類学の支配的言説であった構造＝機能主義の理論的前提」や「人類学の調査につきまとう時間的な限定性」のために、時間軸をおいたときにあらわれる儀礼の動態的側面が顧みられることは多くなかった。この研究的空白は、ほかにもインフォーマントや収集できる資料が限られていること、長期間にわたり公共の場で継続される儀礼自体が非常に少ないことなどが理由として考えられる。ただし儀礼、とりわけ毎年発生した日をめぐって繰り返し行われる慰霊や追悼などの儀礼は、以前に行われてきた儀礼の社会的文脈や、行為の連続性それ自体がもつ意味によって成り立っており、これらの点に注目することによって捉えられるような儀礼の特質といったものがあるように思われる。

そのような長期間継続する儀礼としてまずあげられるものは、戦争死者慰霊である。これらは太平洋戦争の戦没者追悼式など戦後半世紀以上にわたって継続して行われており、そこでは国民国家という枠組みのなかでのイデオロギー性が問題の中心とされてきた。ただそのなかでもとりわけ広島市や長崎市の原子爆弾をめぐる慰霊行事は、地域、国家、民族を超えて大きな注目を集め続けてきている。この国民国家という枠組みで必ずしも捉えきれない営みを、通時的に観察することによって、苦難をめぐる経験がどのように形づくられてきたのかを明らかにすることができると思われる。したがって、本章では原爆慰霊行事に絞って儀礼の変遷をみていきたい。ただ本章の目的である儀礼の変質という観点からすれば、後に示されるように広島市に比べて長崎市の原爆慰霊行事における儀礼は、その社会状況を反映したより大きな変化を見せている。(1)本章の狙いは、儀礼の埋め込まれている社会的文脈や形式的特徴、そこから人びとが解釈する意味などの要素を、半世紀以上にわたる時間軸のなかでみることを通じて、死者と生者の関係のダイナミズムを浮かび上がらせることであり、この理由からここでは長崎市の原爆慰霊行事を「理論上の事例」(Glaser and Strauss: 1967) として、主に新聞の報道写真や記事、また被爆者へのインタビューなども交えながら、現代社会において死と生が交錯する慰霊や追悼という営みのあり方を考察する足がかりとしたい。

長崎市原爆慰霊における政治性

先行研究において長崎市の原爆慰霊はどのように捉えられてきたか。長崎市の原爆慰霊研究は、広島市のものと比べて限られているが、そのなかの一つとしてまず西村明の研究(西村 2006) をみてみよう。西村は、宗教学の立場から戦争死者の慰霊の系譜的理解を試みるなかで長崎市の原爆慰霊行事をとりあげる。「中世」「近世」「近代」「戦後」という四つの時代区分を通した戦争死者と暴力連関を踏まえたうえで、西村はそれまでの民俗・宗教(仏教)的対応と近代戦争以降の国家的慰霊システムとの複線的な展開のなかに長崎市における慰霊を把握しようと試みる。慰霊という営みの全市的展開の多角的分析に成功したこの研究を踏まえたうえで、本章は特に儀礼の形式についての詳細な描写という点においてより踏みこんだ考察を試みる。

次に長崎市の原爆慰霊を取り扱ったものとしてJohn Nelsonの研究（Nelson 2002）があげられる。Nelsonは、日本でみられる「死者の霊を鎮める（Appeasing Sprits of the Dead）」（ibid.: 155）という態度を歴史的にあとづけながら、長崎市原子爆弾無縁死没者追悼祈念堂において行われている儀礼を位置づけようと試みる。

Nelsonによると、現在の長崎市原爆慰霊における人びとの儀礼的実践は、以下のような歴史的過程のうえに理解される。日本における死者、特に鎮めの対象としての死者への態度は、六世紀に渡来した仏教とそれ以前より行われてきたカミ信仰を中心とした民俗宗教の組み合わせのなかに構成されるという。仏教と神道などの民俗宗教が混交するなかで生まれてきた死者への儀礼的態度は（たとえば放生会などの儀礼のように）次第に「マツリゴト」の一部として権力による暴力行使の正当化という性格をもつようになり、それは近代戦争期に国家神道を軸とした顕彰という言説に接収されることでさらに強化されたという。そして「明治国家の影響力は、単に数世紀にわたって支配的であったイエ中心の仏教的追悼儀礼に取って代わっただけではなく、国家が統制する儀礼の場のなかに彼らの霊を流用（appropriate）したのである」（ibid.: 156）。戦後の平和をめぐる言説と政教分離原則をめぐる事件などの影響を経て、「地鎮祭や昭和天皇の葬儀（一九八九年）、即位式（一九九〇年）や靖国神社・護国神社への政治家の参拝と献納、そして平和公園の長崎祈念堂にいたるまで、われわれは儀礼の実践において政治的姿勢が維持されているのをみることができる」（ibid.: 159）とする。すなわちNelsonは、現在の長崎市における慰霊や追悼における儀礼を、民俗的な儀礼の枠組みを流用した政治的儀礼として特徴づける。この戦没者に対する儀礼は、「国家といった抽象的な政治実態を理解する方法と、それに同一化する手段を（じつに強制力を）提供」（Kertzer 1988=1989: 25）し、戦争による「われわれ」の死の経験に、国家的位置づけを与える政治的営為であったといえる。しかし長崎市の事例を通時的視点からながめると、そこで行われている儀礼は、政治的儀礼という枠組みでは必ずしも捉えきることができない様相が浮かび上がる。以下では儀礼の変遷にみられる死者と生者の関係を、社会状況の様々な変化と関連させながらみていくことにより、「われわれ」の死をめぐる慰霊や追悼という社会現象を読み解く一つの視座を得ることを試みる。

3　長崎市原爆犠牲者慰霊平和祈念式典

現在、長崎市は平和公園において毎年八月九日に記念行事を行っている。それは被爆後間もなく行われた慰霊祭から七〇年以上続けられており（朝鮮戦争のあった一九五〇年は除く）、これらにかんして地方新聞などの資料が比較的多数現存している。これらの資料、特に報道写真などの資料をもとに、まず現在の原爆犠牲者慰霊平和祈念式典（以下、「式典」）の様子を描き出し、次に過去の変遷を追いながら考察していきたい。

現在の式典——生者へ向けた平和のメッセージ

現在、長崎市が主催する原爆慰霊行事は次のような舞台装置のもとで行われている。式典の会場である平和公園は、普段、平坦な石畳と高さ約一〇メートルの平和祈念像のほかは何もない公園であるが、式典の期間に合わせて様々な装飾がなされる。そこには三〇〇〇人を超す参加者を収容可能な巨大テントが設営され、祈念像の前に建てられる折鶴のデザインの壁と舞台により、野外劇場ともいえるようなステージがあらわれる。後の分析に用いるため、ここではそれらを四つの領域に区分しておく（図6－1）。まずテントの下のパイプイスが並べられている最も広い場所を客席とし、次にその前に位置する何もない場所を広場とする。広場はその先で儀礼を行う人びとが通る通路として主に用いられている。そして広場の先の二段ほどのぼった場所を舞台と呼んでおく。舞台は最も多くの儀礼が行われる場所である。最後にその先にある最も祈念像と近づく場所を祭壇と呼ぶ。そこは市長、遺族代表、被爆者代表という限られた属

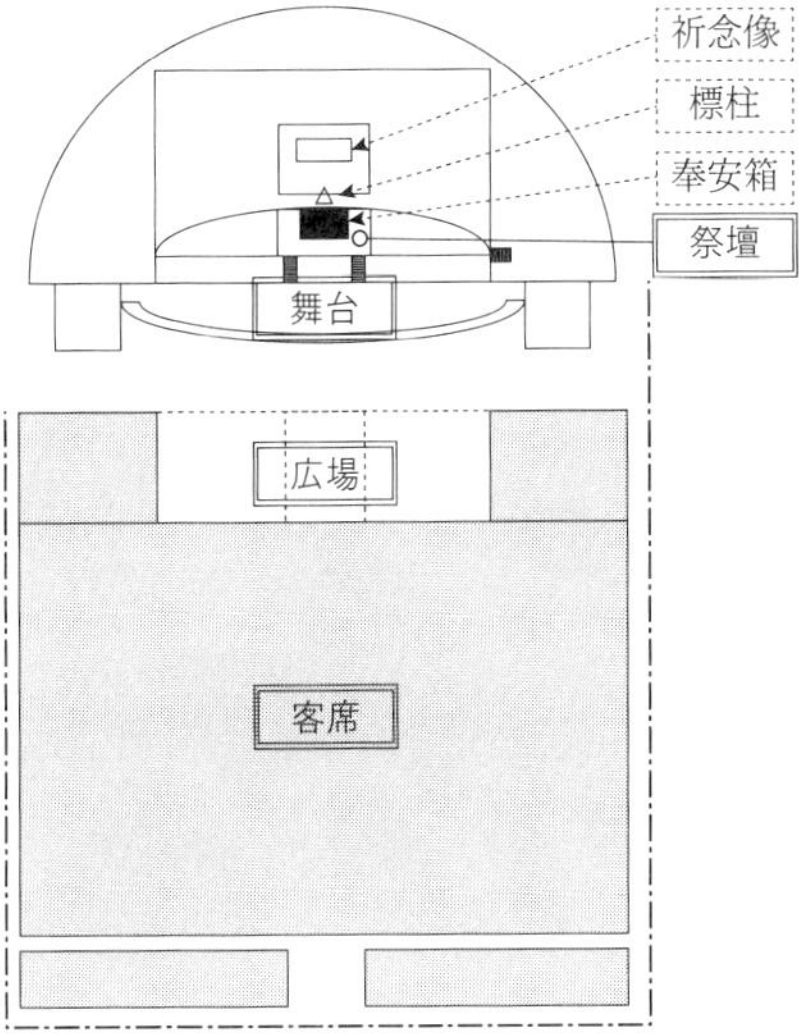

図6－1　原爆犠牲者慰霊平和祈念式典会場図（2009年）

写真6－1　祭壇上の平和祈念像、標柱、名簿奉安箱
（提供 日本労働組合総連合会、2011.7.29）

性をもつ人びとしか入れない領域である。祭壇には次の三つの象徴的構造物が設置されている。それは第一に平和祈念像であり、第二に「原爆犠牲者之霊」と書かれた死者を表象する標柱であり、そして第三にその年までに申請された原爆死没者の名簿が保管されている黒塗りの箱である（写真6－1）。これらの象徴的構造物は、後に述べる通り、式典のなかで重要な位置を占める。これら四つの領域を区分したうえで、次に二〇〇九年に行われた式典の儀礼を記述する。

まずはじめに、中高生代表によって開式が言い渡される。次に原爆死没者名の奉安が行われ、長崎市議会議長による式辞が述べられる。続いて長崎市長、被爆者代表、遺族代表による献水[2]と献花が行われる。そして原爆投下時刻の午前一一時三分には、全員起立のもと黙とうが捧げられ、長崎市長による平和宣言が終わると同時に大音量のファンファーレが鳴り響き、鳩が放たれる。続いて遺族代表による平和への誓いというスピーチ、小学校児童による合唱、内閣総理大臣、長崎県知事、国連事務総長による来賓挨拶が行われる。最後に純心女子高校生徒による「千羽鶴」という歌の合唱がなされ、おおよそ一時間にわたる式典が終了する。

これらの儀礼の形式的特徴の一つは、それらの行為の方向がすべて祭壇客席に向けられている点である。すべてのスピーチは舞台上の演台から、すべての歌は舞台から、そして献水という死者に向かって水を捧げる儀礼でさえも祭壇から、すべて「原爆犠牲者之霊」という死者表象を背に客席に向かって行われている。しかし、半世紀以上にわたる資料の蓄積からみれば、元々これらすべての儀礼は生者ではなく死者の方向に向けられていたことがわかる。以下では、主に地方新聞に掲載された報道写真などを参照しながら、過去の式典のなかで行われていた儀礼の方向に注目してみていく。ここでは、三つの期間に分けてその様子を記述する。

ＧＨＱ占領期——慰霊祭と文化祭のジレンマ

第一の期間は、日本がアメリカの軍事占領統治化にあった一九四五年から一九五一年までの期間である。長崎市が最初に行った慰霊祭は、原爆が投下された翌月に行われた(3)。これは主に市役所関係者を対象に行われたものである。原爆投下から一カ月ほど過ぎた九月の中頃には、学校や企業、地域共同体などが主催者となって、その成員であった死者を慰霊する行事が行われ始めており、この市主催の慰霊祭もまた特定の集団のメンバーシップに基づくそのような慰霊祭の一つとしてみられる。これは、長崎に投下された原子爆弾によるすべての死者を対象とする現在の式典と区別される。

だがこの慰霊祭を最後に、長崎市は原爆慰霊行事への関与を一切断つようになる。それは、GHQ占領下の原爆にかんする統制の一環であったと思われる(4)。再三にわたる市民からの全市的な慰霊祭挙行の要請にもかかわらず、市は非協力的態度を崩さなかった。このような状況のもと翌年の八月九日、松山町爆心地付近にて遺族有志により長崎市戦災死没者慰霊祭が行われる。巨大な天幕の下で、仏式に飾り付けられた祭壇を中心にイスが並べられたこの慰霊祭は、その舞台装置の形式から現在長崎市が行っている式典との類似性が確認される(写真6−2)。このように行政の枠外で市民を中心に慰霊祭が催される間、長崎市はもっぱら文化的な行事を主催していた。ここでは、仮装パレードやスポーツ大会など、祝祭的な行事が行われ、そこに死者表象や死者をめぐる儀礼はみられない。とりわけ「国際文化都市建設法」の施行および市制六〇周年を祝った一九四九年では、「文化都市」としての長崎市が盛大に演出された。このように原爆の投下された八月九日をめぐっては、遺族や市民団体が主催する慰霊祭がある一方、市は原爆やその悲劇性が主題化しない文化祭を執り行うという状況が、講和条約の締結された一九五一年まで続くこととなる。

写真6－2　長崎戦災者連盟主催三回忌法要の様子（『長崎民友新聞』1947.8.10）

この期間における慰霊祭は、戦中の国家儀礼と区別することができる。前年一二月の、神道指令以前に行われた慰霊祭が神式で行われたのに対し、ここでは近代戦争による死者を国家的位置づけのもとに流用する以前の仏教／民俗的儀礼が行われていた。そこでは、仏教的舞台設定のもと鯨幕[5]が張られ、仏僧を中心とした法要の形式をとっていた。これは市が全市的慰霊を拒否した結果としての、やむなき民俗的儀礼であった。そこでは亡くなった肉親や誰の物ともわからない遺骨に直接的に対面した人びとによる「われわれ[6]」の弔いにふさわしい儀礼として民俗的儀礼が執り行われたのである。

他方、長崎市のカトリック信徒による慰霊についても述べておかねばならない。長崎市の原子爆弾は、市北部の浦上地区、すなわちキリシタン集落とその監視のために置かれた被差別部落の集住地域にて爆発した。カトリック教会による慰霊は、一九四五年一一月二三日に「原爆被災による死者の追悼野外ミサ」から始まり、以降追悼ミサと松明行列が続けられてきている（西田編 1983）。これらの慰霊追悼行事は、毎年のように報道される象徴的な位置づけを得ている。しかしながら儀礼の主体は、あくまで浦上地区を中心としたカトリック信者であり、この宗教的コミュニティを超えた大きな動きに発展することはなかったように見える。それは一九八一年のローマ教皇ヨハネ・パウロ二世の来訪以前において、長崎のカトリック教界が原水禁運動や被爆者運動に消極的であったことや、それまでカトリック信者のなかにあって支配的な語りであった「燔祭説」が公共性をもちえなかったこと(7)とも関連するように思われる。被爆直後の献身的な医療支援が知られ、長崎市名誉市民号を授与されたカトリック信者の永井隆博士の長崎市における象徴性とは対照的に、カトリック教会の慰霊が「われわれ」の死という市民的広がりを戦後どれほどもちえていたかについて限定的であったと思われることから、本章における記述はこれにとどめることとしたい。

市と奉賛会の共催期――儀礼のなかの民俗と政治

次の期間である一九五二年から一九七二年の二一年間は長崎市が遺族有志らとともに慰霊行事を主催した期間であった。一九五二年四月に講和条約が発効されＧＨＱへの配慮がなくなるとともに、長崎市はそれまで一貫して距離を置いていた慰霊行事に対して積極的に関与するようになる。

この期間においては、原爆にかんする報道が飛躍的に増加した。一九五二年八月六日のアサヒグラフの写真報道により、これまで知らされることのなかった原爆被害の生々しいリアリティが知れ渡ることとなった。加えて第五福竜丸の水爆被害や六〇年安保、七〇年安保などの社会問題を通して、平和という概念が次第に「日本人が自らの文化と社会を好意的に解釈するためのレンズ」(Nelson 2002: 157) として核廃絶とともに重要なテーマとなっていった。これは、それまで「辺境に落とされた新型爆弾による死」に過ぎなかったものが、死者（あるいは遺骸）との対面的関係を超えて部分的に想像可能な経験として立ち現れはじめたことを意味する。

一九五二年に行われた式典をみてみると、式典会場の舞台装置や式次第、儀礼執行者にいたるまで現在のものとほとんど形式的に変わらない。ただ儀礼の方向のみが現在と正反対の方向に向けられている。写真６－３は一九五二年の長崎市原爆犠牲者法要並びに平和祈念式典(8)の様子である。黒い着物姿の田川務市長が死者の象徴である標柱に向かって式辞を述べている。このほか田川市長夫妻による供花、爆心地近くの小学校児童による合唱、また現在では主として祝祭的な場面で用いられるくす玉割り(9)もまた当然のように客席に背を向け、死者表象に向かって

写真６－３　長崎市原爆犠牲者法要並びに平和祈念式典。「原爆犠牲者之霊」と書かれた標柱の前に立つ着物の男性は、当時の田川務長崎市長（『長崎民友新聞』1952.8.10）

行われていた。この期間においては、市と遺族の共催によりすべての儀礼が標柱の方向に向けて行われていたのである。

この期間にもう一つ特徴的な点は全市的な慰霊祭にあって、被爆者や遺族などの宗教的背景を反映した宗教的儀礼が式典のなかで行われていた点である。教派神道、神社、仏教、キリスト教によって構成される宗教連盟によって、それぞれ玉串奉奠や読経、聖書朗読など宗教者による宗教儀礼が式典のなかに組み込まれていた。これらの宗教的儀礼はすべて舞台上から、聖なる存在である死者に向けられていたのである。

式典の拡大と多元化――視点の転換

そして最後の期間は一九七三年から現在にいたるまでの期間である。一九七三年より式典が実行委員会方式で行われるようになり、実質的に長崎市による主催となった。また一九七五年からは式典のテレビ中継が始まり、この頃より式典参列者とともに、内閣総理大臣や諸外国の代表など供花を行う様々な来賓が登場してくるようになる。このような状況のなか、一九八〇年からは平和宣言も含めすべてのスピーチが客席に向かって行われるようになる。写真6－4は長崎市長による平和宣言である。市長の背後に花飾りや標柱の漢字の一部が見えるため、死者表象を背に客席に向かって行われていることがわかる。またこの期間以降に始まった儀礼はすべて客席に向かって行われている。一九八一年から始まった平和への願いという市内の小中高の生徒が平和アピールを行う儀礼は、生徒が舞台上に横並びになって客席に語りかけるという形式をもつ。そして一九九五年には純心女子高校の生徒による合唱も客席に向けて行われるようになった。それまでブラスバンドとともに、広場から客席を背にして合唱していたが、一九五五年においては、舞台より客席に向かって歌われている。この期間をもって、それまで死者に向けられていた儀礼はすべて生者の方向に転換したのである。

これら死者から生者という変化は、身体の方向ばかりでなく語りの変化のなかにもあらわれている。西村（2006）は、平和宣言内での語りの対象に注目して、三つの指標を取り出し、その変化をみた。三つの指標とは、第一に誓いの対象としての死の「霊」者、第二に生者を呼びかけの対象としているもの、そして第三に死者あるいはその「霊」の冥福を祈るものであった。

写真6－4　原爆犠牲者慰霊平和祈念式典での本島等市長による平和宣言（『長崎新聞』1980.8.9）

表6－1を見ると、死者は一九六五年前後までは平和の誓いの対象として「英霊」や「精霊」として呼びかけられていたが、以降死者は、冥福を祈る対象に変化していることがわかる。さらに一九八一年頃より平和を呼びかける具体的対象として生者が出現している。

このように語りにおいても一九七〇年代を境に死者から生者へというパフォーマンスの変化がみてとれる。

4　なぜ死者は生者からまなざされなくなったのか

以上、みてきたように長崎市原爆慰霊のなかの儀礼は祭壇から客席へ、死者から生者の方向に変化してきたといえるが、それにはいくつかの複合的要因が考えられる。

それは第一に、経済的要因である。慰霊祭はもともと遺族や被爆者がやむをえず行政の枠外で行うようになって始まったが、その中心にいる人びとは経済的問題に直面していた。日本全体が戦後の物質的な困窮状態にあるなか、被災者は原爆によって経済的基盤とともに地縁血縁という社会的基盤をも失い、また伝染病などのデマが広まるなかで差別されながら、苦難の生活を強いられていた。特に彼らの生活経済を圧迫したものは、健康上の被害である。人体に対する放射能の影響は不明確な部分が多く、行政による被爆の後遺症に対しての医療支援は遅々として進まなかった。一九五七年には「原爆医療法」が、また一九六〇年には改正法が成立したが、それは生存者を対象としたものであり、死者・遺族への承認と補償という要求にはほど遠く、それゆえ対外的に発信する声が弱まることはなかった。その後も国家補償への要求は高

表6-1　宣言文の対象に関する年表

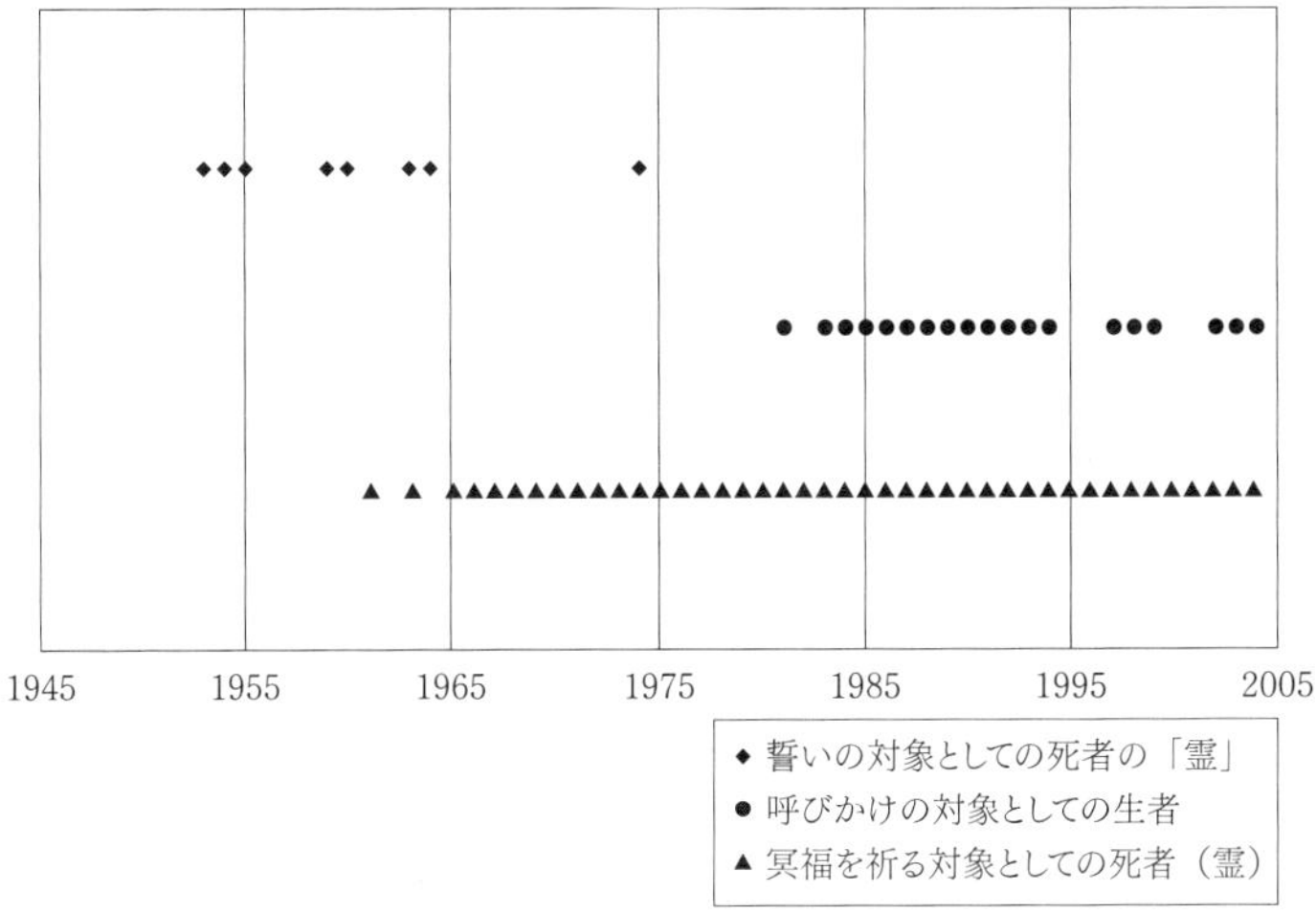

（西村明『戦後日本と戦争死者慰霊――シズメとフルイのダイナミズム』有志舎（2006）より）

まり続け、一九六八年には原爆特別措置法案が国会を通過したが、その翌年一九六九年における長崎市の健康管理手当て受給者数は被爆者総数の約七パーセント弱に過ぎなかった（長崎市被爆者対策部編1973）。西村（2006）によると、このような被爆者遺族らの経済的支援を死者だけでなく、生者へ訴えかける態度が儀礼の変化の要因の一つとしてみられるという。

　またこの点は第二の政治的問題とも関連する。個人の努力や地域レベルの社会的扶助で十分に賄えない問題は政治的イシューとして、形式上の妥当性が問われることになる。一九五五年以降式典内において行われていた各宗派による宗教儀礼は、一九七〇年には式典と分離され、一九七三年以降は完全に排除されるようになる。これは市議会議員でありプロテスタント教会の牧師でもある岡正治の議会における追及によるものであった（岡まさはる追悼集刊行委員会編 1995）。六〇年代から七〇年代にかけ社会問題とされた政教分離原則をめぐる事件を背景に、行政機関が運営する式典には、政教分離がより徹底されるようになり、式典における儀礼は、宗教的な目的よりも政治的な妥当性が優先されるようになった。ここで宗教的儀礼は、聖なる死者に向けられる象徴的行為として特徴づけられ、客席や会場外にいるオーディエンスなどの俗なる生者へ向ける儀礼と対照される。[11]

そして最後にメディアによる影響について述べておかねばならない。儀礼が変化した期間において見逃すことのできない要素の一つとして、テレビ中継の開始があげられる。一九七五年、NHK長崎は初めて平和祈念式典を九州ブロック限定で中継放送した。一九五〇年の平和祈念像完成時にNHK本局のニュース映像が流されて以降、長崎市の原爆慰霊行事は、断片的に映像が放映されることがあっても、中継がなされることはなかった。その後一九七七年から繰り返されるようになる中継は、二〇〇〇年より全国規模に拡大されるようになる。

テレビ中継の開始は、その儀礼のオーディエンスの飛躍的拡大につながったとみることができる。式典会場の参列者とは異なり、テレビ画面を通した不特定多数の人びとは、会場の参列者が聞くことのない丁寧なナレーションと、限定されたカメラアングルによる視覚的体験と、加えて地理上の境界を超えてリアルタイムで行われているという臨場感を経験する。そこでは公共放送という観点から目障りな映像や、耳障りな音声などが様々な技術的操作によって慎重に遠ざけられている。テレビというメディア環境は、視覚的・聴覚的ノイズがコントロールされているという点で、現場以上の「リアリティ」を経験することのできる場であるといえるだろう。この現代的メディア環境を通して、核廃絶・世界平和というテーマは、より多くの生者達に向けられることとなった。だがその反面、式典における振る舞いは、より多様な視点からみられることを予期したものとならざるをえない。主催者とテレビ局は視聴者に対して式典の映像がより「映える」ように、生者を意識した式典を共同して作りあげ、結果として式典はより消費的対象へと精緻化され、スペクタクル化される。その結果、儀礼が死者よりも生者に対してのパフォーマンスに変化したと考えられる(12)。

このように長崎市原爆慰霊における生者から死者という儀礼の変化には、経済的、政治的、メディアの介在という、慰霊をとりまく社会状況が要因として考えられる。

5　「われわれ」という死のあり方

こうしてわれわれは長崎市の原爆慰霊行事における儀礼の変遷をみてきた。言うまでもなく、これまでの観察の対象は、生者をとりまく社会状況の変化であった。一方、そうした生者間の状況だけでなく、死者と生者の関係性の変化もまた儀礼の変容を分析するにあたり見逃すことはできない。以下では死者と生者をめぐる「われわれ」という主体の変化に注目することにより儀礼の変遷を読み直してみたい。

ただその前に、死者と生者の関係性にかんするジャンケレヴィッチの哲学的考察を踏まえておきたい。ジャンケレヴィッチは、人がいかにして死を経験することができるのかという問いについて、一人称、二人称、三人称という分類によって考察した。三人称の死とは、「個人の立場を離れて概念的にとらえられた」死、すなわち「死一般」あるいは「抽象的で無名の死」である。それは人びとにとって具体的に経験されることはない。一方「一人称の死」、すなわち「わたし（自身）の死」もまた、人は経験することはできない。ただ人が死に近づけるとすれば、この一人称の死と三人称の死の「二つの死の曲線に、いわば接線として交わる大切な経験」としての「二人称の死」であるという（Jankélévitch 1966=1978）。その論考のなかでジャンケレヴィッチがとりわけ強調しているのは「われわれ」という一人称複数形としてあらわれる死である。人は死という経験に対して、一人称の死や三人称の死によってではなく、二人称の死によってしか近づくことができないが、それが経験されるのは、「一人称の主体である自己と三人称の主体である他者が出会うなかで生じてくる「われわれ」というありかた」のなかに可能となるという（中村 2006）。

こうして死者と生者の関係をあらわす人称に着目したのはほかでもない、長崎市の原爆による非常な死がどのような社会関係のなかで経験されてきたかという問題に関連するからである。

ジャンケレヴィッチの死の考察から推察されることは、慰霊のなかで「誰かの死」（三人称の死）が「われわれ」にとっての「かけがえのない喪失」（一人称複数の死）に変換されることによって、死が社会的に経験されるようになるということであった。死者と生者、あるいは生者と生者のあいだに「われわれ」という主体が立ち上がることによって、長崎市の原爆による儀礼はどのように変化してきたのであろうか。それは死をめぐる偶然性の問題、すなわち「浮かばれない死者」と「偶然にも生き残ったわたし」をめぐる「なぜそのような出来事が起こってしまったのか」という経験の偶然性をめぐる問いに関連する。次節ではこの「われわれ」という一人称複数としてあらわれる死の変遷をみることにより、原爆をめぐる非常な死がどのように位置づけられてきたのかを明らかにする。

われわれの死の変遷

こうした原爆をめぐる「われわれ」という主体に着目したものとして、奥田博子の研究（奥田 2010）があげられる。奥田は、ヒロシマ／ナガサキの思想が、ローカル、ナショナル、インターナショナルという空間的枠組みのなかでどのように記憶されてきたのかを、その言説分析を通して問うた。そこでは、「唯一の被爆国」というナショナルな言説に回収されずに、原爆の直接的・重層的な体験が、いかに人類全体に向けて発信されることができるかが、新聞メディアなどの文献資料から検討された。しかしながら、そこでは死者と生者の関係性という視点からは分析が十分であるとはいえない。

ここで「日本の戦争被害」として原爆の経験を読み替えるナショナルな言説空間とは、Nelsonが長崎市の原爆慰霊のなかにみた政治的儀礼が行われる場にほかならない。そこでは天皇を中心としたナショナルな共同体が想像されており、日本国民という生者を主体として、死が「われわれ」のものとして取り扱われている。しかし以下にみていく通り、式典における「われわれ」は、このような共同体と対応するものではなかった。

終戦に続く占領期において一九五一年まで市民によって行われてきた儀礼では、民俗的手立てを通して死が「われわれ」のものとして位置づけられていた。それは「浮かばれない死者」を「安らかな死者」へと変換する技法として、仏教的世界観を背景に中世までに浸透してきた霊魂処理の方法であった（池上 2003）。それは「親族の喪失」や「生活のなかで直面した無数の人骨」という死者との直接的体験を共有する「われわれ」をもとに、死者への儀礼が行われてきたといえる。

次に、主権を回復した一九五二年から一九七二年においては、長崎市民という「われわれ」の死として、占領期には断念された惨禍が強調されるようになった。東京から起こった原水爆禁止運動は、国民主体の政治運動として長崎市にも押し寄せたが、それはあくまで「彼ら」の関心に基づいており、原爆の経験に国家的な位置づけを与えるものではなかった。式典の会場に国民国家を想像させる国旗や国歌はみられない。一九七六年に初めて参列した内閣総理大臣も、あくまで「来賓」であり、平和宣言において平和と核廃絶を呼びかける被爆地の「われわれ」ではない。そこでは被爆というスティグマをもつ長崎市という空間に境界づけられた「われわれ」をもとに、その代表である市長、遺族、被爆者を中心として死者への儀礼が行われてきた。そしてこのローカルな主体を通して国家という他者に対して補償と核廃絶が政治的に訴えかけられてきたのである[13]。

そして一九七三年以降においては、死が日本という国家を超えて人類全体という「われわれ」を志向するようになった。次に紹介する被爆者の語りはそのような原爆の死者と生者の関係性の変化を示唆するものである。被爆者の一人にインタビューのなかで、これら死者から生者への儀礼の方向の変化を尋ねると次のような答えが返ってきた。

死んだ人の冥福を祈ろうという意図のもとに、ずっと碑に向かって行っていたんですけど、その、仏教的には、五〇年経つと、もうあの、死者は、ホトケになって、われわれと差が出てきて、ほんな、わたしたちに、死者の代弁者として、他の人に伝えていかなければいけないんだって、仏教では五〇年で、その、まわって、いう風に昔から、五〇年忌で、あの、あれ、ね、死者の代弁者となって、生者に伝えなければばってなって、（中略）今までは、死んだ人たちのお骨を踏みつけて、わたしお骨いっぱい拾ったんですよ、五年生六年生のときに、拾っても拾っても拾えないんですよ……だから土をかぶせるでしょ、そのお骨を踏みつけて歩いているじゃないですか、わたしたちは、だから、そうやって踏みつけている人たちの声を、今度は生きている人たちに、伝えたほうがいいんじゃないかなあ。(14)

この語りからは、一九九五年の被爆五〇周年を原爆で亡くなった人びとの五〇年忌とみなし、この契機にわれわれは、戦後の焼野原を歩く際に踏みしめた「お骨」の慰霊よりも、全世界の平和について働きかけなければならないのではないか、という意識があったことがうかがえる。これは日本の死者儀礼において浸透している、五〇年という時間的区切りによって死者を「弔いあげ」、そのことによって死者が祖霊化するといった死者儀礼の習わしに由来するものと考えられる。

ここで注目したいのは、原爆を体験した生者が死者の「代弁者」として位置づけ直されている点にある。戦後の占領期において生者は、死者と断絶された存在として儀礼を行っていた。しかしながら、この語りにおいては生者が死者を代理することで、原爆が「われわれ」の経験として位置づけられようとしている。その射程は、日本国民を超えて生者全体に向けられている。かつてそうした主体は、生者にとってはもちろん、死者にとっても「彼ら」として表象される他者であった。占領期や一九七〇年代までの式典においては、死者を悼む「われわれ」に八月九日の惨禍を共有しない「彼ら」が含まれることはなかったであろう。しかし「恒久世界平和」と「核廃絶」という理念が実現されることが、死者への「供養」とされるように、生者全体という「われわれ」が志向されることによって、死が経験されようとしている。すなわち非常な最期を迎えた死者と、偶然にも生き残った生者の不条理な経験が、新しい「われわれ」のあり方を通して、意味づけられようとしていることが、死者から生者へという儀礼の変化にみられるのである。

われわれの過去―現在―未来

また儀礼のなかでは、その時々の社会状況に応じて死を位置づける主体の変化だけでなく時間の枠組みが操作されており、このプロセスを通して「われわれ」の死が立ち上がっている。長崎市の平和祈念式典においては、一九四八年より平和宣言というスピーチが式次第のなかに組み入れられている。この平和宣言の内容は、特定の形式に構造化されている。そこでは過去―現在―未来という時間軸に沿って原爆の経験を位置づける解釈枠組みが呈示されている。宣言はまず「あの日」にかんする感情的な想起とともに始まる。あの恐ろしい八月九日、長崎市は原爆による惨禍を経験し、耐えがたい苦痛を被った、と。続いて過去から現在までの連続する過程が反省され、未だ克服されない現在の状況についての問いが投げ掛けられる。被爆から数十年たった「いま、ここ」においても、被爆者は後遺症に悩み、諸外国による核の拡散が止むことがない、と。そして最後に「われわれ」を主体として、「世界平和」と「核廃絶」という聖なる価値が呈示され、御霊に対して冥福を祈り、全世界に対して「平和」の実現と、二度とその惨禍を繰り返さないことが宣言され、スピーチが閉じられる。この過去から現在を経て未来へと続く物語が、「あの日」を経験していない人びとを含めた「われわれ」を再構築する。

一九七〇年頃まで行われてきた民俗的儀礼や戦中戦前の政治的儀礼が死者の供養・顕彰という形で死者を想起し、共通の過去を経由して「われわれ」を構成する儀礼とすれば、現在の儀礼はこの先ともに実現すべき未来から「われわれ」を規定する儀礼といえる。平和宣言などのスピーチにおいて、原爆による死や被害は将来克服されるもの、回避されるものとして儀礼のなかで位置づけられ、「過ちを繰り返さないよう」、また「この死が無駄にならないよう」、道徳的動機づけと現実的な予防措置あるいは被害を最小限にする措置が語られる。そこではただ死者の霊を慰め鎮めるだけでなく、過去の反省のうえに、未来に向けての再発防止や課題改善への施策の追求が表明されることによって未来の責任を引き受けていく「われわれ」が構成される。このように空間と時間の操作により「われわれ」のものとして死が位置づけられ、「長崎市」の「一九四五年八月九日」の経験が編成されていると考えられる。

6　儀礼によって位置づけられる死と生

本章では、長崎市原爆慰霊行事の儀礼の通時的変遷とともに、公共の場における集合的儀礼のなかでの「われわれ」の死のあり方を明らかにしてきた。戦後の原爆慰霊行事における儀礼は、ＧＨＱによる占領期、長崎市と遺族らによる共催期、そして市の主催という三つの期間を経て、当初死者に向けられていたすべての儀礼が、生者に向けられるようになっていった。そこには原因として経済的な要素に加え、政治的動力やメディアによるオーディエンスの拡大という要素がみられた。それらの変遷を通して明らかになったものは、儀礼のなかで「われわれ」という主体と時間が操作されることにより、原爆という経験が現代社会に適応するものとして編成されようとする過程であった。

こうした儀礼の分析は、現代社会における災禍をめぐる死が、災禍の直接的体験を共有する社会集団を超えて、どのように「われわれ」のものとして経験されていくのかという社会学的問題を明らかにすると期待される。それは社会的経験としての死とその反転である生をいかに再編していくのかを見つめる一つの視座を与えるものであると思われる。

終　章　遇うて空しく過ぐること勿れ
――災禍の儀礼の社会学的諸特質

災禍が突きつける「なぜ」という問いと現代社会はいかに向き合うことができるのか。本書のこの主題は、本書の考察を導いてきた主たる議論において、偶然性という問題と密接に関連づけられている。たとえばディザスターリチュアル論においてこの問題は、「生の偶然性」(Post et al. 2002=2003: 41) としてしばしば言及される。突如として無差別に襲いかかる現代社会の脅威に対し、災禍の儀礼は、それがわたしたちにも起こりえたという偶然性をともに承認する場を提供し、災いを遠ざける試みとして位置づけられている。偶然性はまた、救いの約束論にも中心的な問題として関連づけられている。リーゼブロートは、ディザスターリチュアル論を念頭に置きつつ「危機と不幸に対する人びとの反応」に言及する。リーゼブロートによれば、宗教は今もなお「安心の獲得と困難へのコーピングにかんし、重要な役割を果たす」(Riesebrodt 2012: 112) ものであるという。すでにみた通り、リーゼブロートにとって宗教は、

「偶然性への対処の方法」(ibid.: 172) であって、その文脈のなかで災禍のあとの儀礼が救いを約束する実践として捉えられている。偶然性のもたらす苦しみに対し、具体的な実践をもってそれを乗り越えようと試みる、この社会学的過程と帰結をつとに注視したのは、いうまでもなくヴェーバーであった。第3章にみた通り、ヴェーバーは『プロテスタンティズムの倫理と資本主義の精神』において、近代資本主義のエートスを、合理的で行為主義的な禁欲的プロテスタンティズムとその実践のなかに見出した。一七世紀ヨーロッパに生きる人びとにとっての究極的関心、すなわち来世の救済は、予定説によって解決不能な困難を突きつけられることとなった。この不確実性に対して、人びとはルターの「天職」概念を跳躍板とし、合理的で能動的な職業労働への専心および禁欲的な行動様式という実践をもって救いの確証を得ようとした。小原克博はこのピューリタンの禁欲的実践のなかに「根源的な偶然性に由来する不安」(芦名・小原 2001: 236) をみてとる。この指摘を踏まえれば、予定説が人びとに突きつけた問題が救いの偶然性にほかならず、ピューリタンの専心した合理主義的な経済活動は、実践によってこの問題を乗り越えようとする試みであったと捉え直すことができよう。

このように偶然性の問題は本書が依拠してきた議論に通底するキーワードである。本書もまたこのキーワードを随所に散りばめながら議論を展開してきた。最後に、この偶然性という観点からあらためて本書の議論を捉え返し、そのうえでさらに、いくつかのキーワードをあげながら本書全体を振り返り、総括を試みる。

『岩波哲学・思想辞典』によれば偶然性とは、必然性に対置される概念である。[1] 必然性が「必ず然あること」、すなわち「その反対が不可能であること」であるのに対し、偶然性は「偶々然あること」、すなわち「その反対も可能であること」である。苦難の意味をめぐる問題が最も鋭く突きつけられるのは、他の時間、他の場所、そして他の誰かでもありえたのに、それが「たまたま」いま・ここのこのわたしに生じた、必然性をもたない遭遇＝邂逅である場合にほかならない。なぜあの時、あの場所、災禍が生じ、このわたしが失われ、損なわれ、苦しまなければならなかったのか。あるいは逆になぜわたしは生き残ることができたのかという自責の念に苦しめられることもある。不幸な偶然性に対し、わたしたちはその「なぜ」を問い、その必然性を模索する。災禍という結果、そして災禍をもたらした原因との結びつき＝必然性を解明することによってその回答は得られるかもしれない。災因と災禍のメカニズムを明らかにすることは、再発防止やネガティブなインパクトの緩和に役立つであろう。ただし〈原因―結果〉連関の必然性は結局のところ、作用と反作用の連なりを明らかにするものであって、確率的に誰かが被るはずだったものにたまたまわたしが出くわし、そこにはさしたる意味も目的もなかったという「救いのなさ」[2]を突きつけるものとならざるをえない。

一方、不幸な偶然性に対し、何らかの目的や意味を見出すことは苦しみに対するある種の救いを提示するであろう。何らかの運命や宿命として、あるいは大いなる理想のもとに、苦難の目的的な必然性を打ち立てることは可能であり、またしばしばそのように方向づけられる。

〈目的―手段〉連関を伴うこの必然性はしかしながら、それが言説として作動するとき、「この死は〜の為であった」という正当化と不可視化のロジックを含み込む。序章の終わりでとりあげた「燔祭論」に対する批判はその問題の一側面を指摘するものである。死の目的や意味をめぐる言明は、偶然性を排他的に〈目的―手段〉関係に落とし込むことを含意し、それは過去と現実を正当化する「犠牲」として死者を位置づけ、それゆえ他者への抑圧的言説に容易に転換する。苦難に対する「救い」が、潜在的に「呪い」となる可能性を排除できないと述べたのは、この点にある。以上を踏まえわれわれは、不幸な偶然性を、〈原因―結果〉関係にも、〈目的―手段〉関係にも、容易に必然化できないという困難に直面することとなる。苦難を伴う偶然性の問題について科学的合理性や宗教といった観点からのアプローチが、現代社会において容易ではないことの背景がこれである。

不幸な偶然性といかに向きあうことができるのか。このすぐれて近代的な問題について、『偶然性の問題』という哲学的著作で知られる九鬼周造は次のように述べる。

> 経験に整合と統一とを与える理論的体系の根源的意味は他者の偶然性を捉えてその具体性において一者の同一性へ同化し内面化することに存している。真の判断は偶然―必然の相関において事実の偶然性に立脚して偶然の内面化を課題とするものでなければならぬ。
> （九鬼 1935: 326）

外部たる他者や出来事との邂逅という偶然的なる経験を、いかに自己にとって把握可能な存在として内面化しうるか。このように九鬼は問いを立てる。この問題に九鬼はいかなる答えを提示するのか。『偶然性の問題』結論部において、九鬼は「(仏の本願力を観ずるに) 遇ふて空しく過ぐる者無し」という「浄土論」の一節をあげる。偶然に対して無意味に過ぎていくものはないというこの一節を引用しつつ、その「無し」という語を「勿れ」という命令形に変えよと九鬼は述べる。「遇ふて空しく過ぐる者勿れ」(前掲：331)。すなわち、この偶然性を無意味なものとしてはいけないという実践的命令を「自己に与える」ことによって、偶然性を潜在的に意味あるものとして把握可能なものとせよというのである。ここで注目すべきは、未来―現在という時間軸が重要な役割を果たしていることにある。

偶然に対する驚異は単に現在にのみ基礎づけられねばならぬことはない。我々は偶然性の驚異を未来によって倒逆的に基礎づけることが出来る。(中略) 偶然性の中に極微の可能性を把握し、未来的なる可能性をはぐくむことによって行為の曲線を展開し、翻って現在的なる偶然性の生産的意味を倒逆的に理解することが出来る。(前掲：330)

九鬼は『「目的なき目的」を未来の生産に醸』(前掲) すという独特な表現を用いて、偶然性と向き合うことが可能となると述べる。「目的なき目的」とは、現在まだ把握することができない偶然について事後的に見出される「目的らしきもの」である。それはたとえば、九死に一生を得た生存者同士で育まれる関係性を、しばしば「運命の出会い」として事後的に措定する際の、いわば「あとづけの目的」である。今はその意味や目的がわからない、けれどものちに明らかとなりうるような目的、九鬼はそれを「目的なき目的」と呼ぶ。偶然に直面するときに、未来において達成される「目的なき目的」を措定することにより、翻って現在における邂逅の意味を潜在的に必然化可能なものとせよと九鬼は主張する。九鬼にとって偶然性は、行為によって生じる「未来的なる可能性によって現在的なる偶然の意味を奔騰させるよりほかはない」（前掲：331）問題なのである。

九鬼の偶然論を踏まえて、救いの約束論をあらためて捉え直してみたい。苦難に対して救いを提示することは、偶然性を現在において〈目的―手段〉連関のもとに必然化することにほかならず、それは他者への暴力性を潜在的に含まざるをえない。それゆえ不幸な偶然性について、目的や意味ではなく、宙づりにされた「目的なき」ものを設定しなければならない。救いは来たるべきものであり、それゆえ約束されるほかないものである。「浮かばれない死」や「いわれのない苦難」と向き合い、それらを内面化することは、約束を通じて未来に有意味性を展開する可能性を育むことによってのみ可能となる。ただしそれは理屈を弄ぶ理論上の合理化ではなく、むしろ未来に有意味性を展開する具体的な実践を要求する。実存を脅かす偶然性に対し、

「目的なき目的」を未来に醸し、それによって翻って苦難の合目的化が未来に予期可能となる。実践を通じて偶然性を乗り越えるこの試みこそが九鬼の述べる「実践的内面化」にほかならない。(3) 本書はこの「偶然性の問題」を、具体的な事例に即して社会学の立場から考察してきたのである。

災禍の後に記念行事が行われるのはなぜか、そこで儀礼は何を象徴するのか、慰霊・追悼の本質とは何か。本書が探求してきたのは、これらの問いへの答えではない。本書が試みてきたのは、災禍の儀礼という枠組みを設定し、その枠組みから捉えられる現代社会の諸実践にかんし、苦難へのコーピングという観点から分析した場合にあらわれる、諸特質の社会学的理解である。序論でわれわれは苦難への応答が社会学で問われ続けてきた古典的主題であることを確認した。本書はこの主題を現代的なコンテクストのなかで、できるだけオリジナルな経験的データを用いながら考察してきた。これらの議論を経たうえで、災禍の儀礼という枠組みをあらためてどのように特徴づけることができるのだろうか。以下では、各章ごとに一つないしは二つのキーワードをあげつつ、本書の議論をあとづけることで、この問いへ自ら答えることを試みる。

序論の問題設定の過程で検討したディザスターリチュアル論は、従来の「宗教」という枠組みでは捉えられない現代社会特有の儀礼のレパートリーが現れつつあることを強く打ち出していた。これに対して第1章では、あえてもう一度「宗教」というキーワードを災禍の儀礼という枠組みに組み入れることで苦難へのコーピングの現代的な多様性を明らかにすることを試みた。その際、ディザスターリチュアル論が不問の前提とする西洋キリスト教の文脈を相対化するための事例として、インドネシア・アチェというイスラーム社会における苦難へのコーピングをとりあげた。苦難の意味をめぐる問いはオランダのディザスターリチュアル論においても認められたが、苦難の宗教的意味づけが提示されることはなかった。これと対照的に、アチェのスマトラ島沖地震をめぐる記念行事にはイスラームの苦難の意味づけが明確に表現されていた。ここでみられた津波の教説は、その普遍的装いにもかかわらず、被災地域の歴史的背景や日常的文脈といった個別的次元との相関のなかに苦難へのコーピングを探求する必要性を指し示すものだった。それはディザスターリチュアル論で暗黙のうちに等閑視されていた側面の一つであった。

続く第2章ではスマトラ島沖地震をめぐるアチェ州主催の記念式典を事例としてとりあげ、イスラームの普遍的教説とアチェの個別具体的状況との結節点のなかに苦難へのコーピングを考察することを試みた。津波を記念する式典には前章と同様、イスラームに特徴的な津波の教説が見出された。さらにフィールドワークからは、宗教的な苦難へのコーピングを浮かび上がらせる、アチェの歴史的背景と日常生活の文脈が明らかにされた。この過程で焦点があてられたのは「集団と個人」というキーワードである。災禍をめぐる記念式典は、まずもって集団によって集団のために行われることにその形式的特徴を見出すことができる。何らかの集団を措定することとは、とりもなおさず「われわれ」（自己）と「彼ら」（他者）を線引きすることにほかならず、またそのことによって表れる集団内の諸個人に特定の規範を共有することを要求する。苦難の神義論はかかる意味での「集団と個人」の結節点のなかに苦難へのコーピングを考察するための理論的手立てとして形を表すこととなった。

第1章および第2章の知見は、苦難の神義論という理論的視座によってこそ明らかにしえた苦難へのコーピングの一側面であった。しかしそれは他方でイスラーム社会の苦難のリアリティに輪郭を与えるこの視座が、アチェという個別歴史的状況を超えてどの程度適用可能かという限界もまた課題としてつきつけた。そこで第3章では「苦難の神義論から救いの約束論へ」というキーワードを設定し、災禍の儀礼の比較社会学に向けた理論的考察を展開した。その際、苦難の神義論と共通の関心に基づきながら、より多様な苦難へのコーピングを描写可能とさせる理論的視座として、社会学者マルティン・リーゼブロートの救いの約束論を検討した。ヴェーバー社会学の主題や諸概念、そして方法論を共有しつつも、苦難へのコーピングの異なる位相、すなわち実践の遂行的側面に着眼するこのキーワードによって、様々な文化の災禍の儀礼を捉えうる理論的可能性が導き出された。

続く第4章では、第3章で定位された救いの約束論というキーワードを用いながら、二つの異なる文化にある地域社会の苦難へのコーピングを対比的に理解することを試みた。その際、先の第2章で導入された「集団と個人」というキーワードに付随する諸要素、すなわち「われわれ」を同定することに伴う包摂と排除として、「救いの両義性」という新たなキーワードを導入した。苦難からの「救いの約束」が潜在的には他の集団や諸個人に対する呪いともなりうる、そのような苦難へのコーピングの両義性が明らかにされた。リーゼブロートの救いの約束論では十分に検討されていなかったこの点を踏まえたうえで、多様な諸個人によって構成される社会においてともに苦難と向き合うことはいかにして可能なのだろうか。あらたに宮城県石巻市の震災記念行事を事例としてとりあげ、スマトラ島沖地震と東日本大震災という二一世紀アジアを襲った二つの災禍を照らし合わせる形で議論を展開することを試みた。その結果、現代日本の無宗教式で開催される慰霊祭・追悼式もまた、救いを約束する実践という観点から対比的に解釈された。そのことによって、「宗教」の有無にかかわらず、現代社会の様々な苦難へのコーピングを考察するための枠組みとして災禍の儀礼が捉え返されることとなった。

先の第4章では「救いの約束」論からみられる現代日本の慰霊祭・追悼行事における苦難へのコーピングがとりあげられた。そこで考察対象とされたのは自治体主催の「無宗教」式の記念式典だった。オランダやアチェにおける公式の記念式典では、宗教的な「儀礼のエキスパート」が中心的な役割を果たすことが許容され、場合によっては要請されてさえいた。しかし現代日本の「無宗教」式の慰霊・追悼行事のなかに宗教者の関与を見出すことはできない。第5章では、震災発生から間もない時期におけるセミフォーマルな場に目を転じ、災禍に形を与える多様な諸実践をとりあげ、「儀礼のエキスパート」というキーワードからみる苦難へのコーピングの実践の可能性を探求した。具体的には宮城県南三陸町で執り行われた災禍をめぐる記念行事やアートプロジェクトを事例としてとりあげ、災禍を記念する諸々の実践を儀礼論のなかに位置づけることを試みた。その結果、われわれはコミュニティアートという、特定の宗教的伝統によらない苦難へのコーピングの可能性を見出すとともに、災禍を記念する儀礼を、それが象徴する意味によってではなく、その実践を遂行すること自体の効果——危機的体験の遡及的再編——という観点から理解する可能性が開かれた。それは現代日本の災禍の儀礼において苦難に形を与える（コレオグラフする）方法の一つの方向性を指し示していた。

これまで本書で展開された議論は、儀礼の現代的諸形式や諸特徴を切り取る共時的な分析であった。しかし苦難へコーピングする儀礼の諸形式について、それをいかに演出し、また方向づけるかという方法が、その時代ごとの諸状況や諸要因によっていかに変化しまた維持されるのかという課題が検討すべきものとして残されていた。第6章では儀礼を通じた苦難へのコーピングについて、「われわれ」という主体をキーワードとして、そのディレクション（演出／方向）とダイナミズムに焦点をあて分析を試みた。事例としてとりあげる長崎市の原爆慰霊行事は、戦後半世紀以上にわたり続けられており、そのなかに様々な形式的変化と持続性を見出すことができる。死者から生者へと儀礼の方向が向けられていくその変容の諸要素の一つは、「われわれ」という主体を、災禍をとりまく様々な社会状況の変化のなかに対応する形でズラしていくことで、苦難の経験をその時々の社会状況に適合可能な形で意味づけようとする過程として理解された。儀礼を通じて不条理な経験と向き合い、今はまだみぬその有意味性（世界平和および核兵器廃絶）を造り出す、この救いを約束する実践のダイナミズムが儀礼の通時的変遷から明らかにされた。

本書はこのように、各章ごとにキーワードを設定し議論を展開することでディザスターリチュアル論を起点とした災禍の儀礼の社会学的分析を試みてきた。「宗教／無宗教」「集団と個人」「苦難の神義論と救いの約束論」「救いの両義性」「われわれ」といったキーワードは、災禍の儀礼という枠組みを用いて、現代アジアの事例をとりあげ、宗教やナショナリズムといった従来とは異なるパースペクティブから、その社会的実践に着目して分析したことであらわれた諸特質である。合理化が進む近代社会においても災禍がなくなることはなく、苦難に苛まれる出来事は後を絶たない。災禍の儀礼は、現代社会における苦難へのコーピングを分析するときに用いることができる一つの枠組みであり、本書が明らかにしてきたのはその枠組みを構成する諸要素である。

これらのキーワードはまた、社会学という学問領域において問われ続けてきた問題と深く関連している。近代における社会秩序を考えるうえで、その基盤が宗教によらずしていかなる権威にもとづき可能か。その秩序はいかなる「われわれ」という主体を元にして形成することができるのか。そこで諸個人の集団への包摂／他者の排除という問題はいかなるプロセスと、どのような権力によって実現／調停されうるのか。近代化それ自体によってもたらされる苦難に対し、いかなる合理性／救いを打ち立て、いかにそれを正当化／生きることができるのか。これらの古典的かつ現代的な問題は、本書全体の基調として、災禍の儀礼という研究対象とその社会学的インプリケーションを浮かび上がらせてきた。

本書が提示してきたインプリケーションが、苦難を主題とする社会学的研究にどれほどの意義をもたらしうるのか、またそれがいかなる瑕疵を含むものなのか、今後批判的に検討され、吟味されることを期待する。

註

序章

（1）オランダ語の原著は二〇〇二年に書かれており、これにオランダ国外の事例を加えたうえで全面的に改稿されたものが英語版として出版された。

（2）同書のほかにはイングランドを拠点として災禍のあとの儀礼（Post-Disaster Ritual）を精力的に調査している Anne Eyre の一連の研究（1999, 2001, 2007）がある。そのほか自然災害にかんしては、四川大地震の集合的儀礼に注目した Xu Bin の研究（2013）があげられる。ただし Xu の関心は、中華人民共和国の歴史上初めて無名の「一般市民」の追悼を可能とさせた国家―市民関係という理論的前提にあり、犠牲者を追悼することが自明とされるオランダや日本における災禍の儀礼を分析するにあたっては、その射程が異なるといえよう。

（3）「災禍」概念にも境界的な事例があることをポストも認めている。たとえばポストは、一九九九年にボーフェンカルスペルの植物園で発生したレジオネラ菌集団感染事件をその典型例としてあげている。数週間かけて次々と犠牲者が発覚したこの出来事は、当初個別の不審死として捉えられた。原因発覚後は、「静かなる災害」と呼ばれ、モニュメントが建立されるとともに、事件の四カ月後には「思い出す集い」と称される儀礼がもたれている。これに類似する現代日本の災禍としては、水俣病をあげることができよう。いずれも

「突発性」という観点から捉えることはできない、しかしながら予期の構造との関連のなかで捉えられる、災禍の儀礼の境界例としてあげられよう。

(4) 第5章で検討する東日本大震災の慰霊・追悼行事の一つとして海をまなざすという行為がある。海を見るという一つの行為は、毎月一一日の月命日の一四時四六分に、南三陸町という津波被災地でともに実践されることによって、儀礼としての意味合いが生まれることについては説明するまでもない。

(5) Silent Procession あるいは Procession of Compassion と呼ばれるこの行進は、オランダ特有の儀礼とされている。それは多くの場合、災禍の発生した一〜二週間後に日時と場所が公告され実施される。まずはじめに松明や花を手にした人びとが、スポーツセンターなどの公共施設から出発し、災禍の現場を通過し、記念式典の会場まで歩くという形式がとられるという。

(6) これら「個別の儀礼の諸要素が、より固定化され明確に定義されるレパートリー、あるいはある種の台本として合体した」(Post et al. 2003: 68) と推察されるのが、一九九〇年代中頃だという。

(7) 惜しむらくはインタビューを通じて得られたと思われる遺族や生存者、主催者の語りが、いつどこで誰によって語られ、またそれを誰がどのように記述したのかがほとんど明示されていない。

(8) そこには儀礼にかんする流用・干渉の過程、倫理的次元、儀礼の道具性やメディアイベント的側面にとどまらず、通過儀礼論や市民宗教論、消費社会論や記憶論、ポストモダニティといった、事例研究のなかではほとんど言及されない数々の論点も含まれる。これらの諸特質やパースペクティブは、それ自体一つ一つが興味深いものではあるが、儀礼の作業定義にあたって言及されるこれらの論点は、同書全体の分析の切れ味を著しく損なっている。この問題は、印象論の域を出ない事例研究の「分析」や、それに続く歴史的文脈への位置づけ、および最終章の「診断」における経験的例証の欠如のなかに容易に見出すことができる。それは結果的にポストらが批判するジャーナリストや一部の研究者によるディザスターリチュアルの表面的で「直感的な把握」(ibid: 31) と何ら差異化することのできない次元にこの研究を貶めているといわざるをえない。刊行から十数年を経てもなお、同書を起点として展開された比較研究や理論的刷新がほとんどみられず、あったとしても参考文献の一つとしてその存在が言及されるにとどまる現状は、この点と無関係ではないように思われる。

（9）「教育のない農民が子供の死を神の御意志として解説するとしても、学識のある神学者が罪なき者の不幸は至善で全能の神の概念を否定するものではないことを強調する論文を書く場合に劣らず、彼もやはり真剣な神義論にたずさわっていることには変わりがないのである」（Berger 1967=1979: 80）。もう一つのヴェーバーの神義論との相違は、苦難に対して「意味そのものを回復する保証を除いては全く何らの〈救済〉の約束ももち合わせない」（ibid.: 88）点にある。

（10）九・一一同時多発テロをめぐる複数の追悼式典の苦難の語りを神義論の観点から分析したChristina Simkoの論文はこの意味で傑出した意義をもつものである。しかしながら後述するように、それはアメリカ合衆国という特定の文化圏という限界のなかで評価されなければならない。

（11）このナショナリズムの「感化力」については粟津賢太（二〇一七）に詳しい。

（12）このほかカトリック信者のうちからも批判的見解がみられる（四條 2015: 163）。

（13）また四條は当時の新聞の検討から実証的に燔祭説のインパクトを検討している（四條 前掲）。

（14）西村は関東大震災後に行われた宗教学的調査（帰一協会編 1925）に言及しながら、「天譴説」「恩寵説」そして「天譴や恩寵を将来に向けた転禍為福の好機とみる解釈」という三つの震災の解釈をあげている（西村 2012: 195–196）。

（15）それと同時に燔祭説は、その「語りが遂行されることにより、周縁化される語りがあること」（四條 2015: 131）、また意図的でないにしろこれによる正当化が「構造として原爆の暴力そのものに肯定的な意味を与える危険性を孕む」（前掲：132）ことについて、四條は的確に指摘している。

（1）「石は強いが、鉄はそれを砕く。鉄は強いが、火はそれを融かす。火は強いが、水はそれを消す。水は強いが、太陽はそれを蒸発させる。太陽は強いが、雲はそれを隠す。雲は強いが、風はそれを押し流す。風は強いが、人間はそれに耐え忍ぶことができる。人間は強いが、死は人間を打ち倒す。死は強いが、愛はそれを上回って強い。愛はなくなることはない」作者不詳。

（2）「人の一生は、草のようにはかなく、その栄えは、野の花のように短い。風が吹いて行けば、跡形も無く、その場所すら覚えている者はいない」（詩篇１０３篇15－16節、現代訳聖書）。

（3）旧約聖書からは詩篇23篇1－6節が、新約聖書からは第一テサロニケ第4章13－18節が朗読された。

（4）アイントホーフェンでの式典におけるプロテスタントのチャプレンの「説教」も、台本に書かれていた以外のアドリブ部分が主として問題視されていたという。

（5）この点については、第6章の理論的考察のなかで再び言及することになろう。

（6）むろん宗教の公共的領域における貢献は、苦難へのコーピングに限定されるものではない（稲場・黒崎編著 2013）。

（7）それと同時にまたこの問題は近代的問題である。けれどもそれは後述するアチェのイスラームにみられる苦難へのコーピングが「前近代」的であることを意味しない。

（8）誰もこれがイスラーム全体を代表しているとは言わなかったが、しかしだからといって彼らの語る災害観が、一個人の見解にすぎないという見方も適切ではない。

（9）ここで「神の介入」といったキーワードや「なぜ」という問いそのものの人間中心主義をわれわれは問う必要もあろう。なぜなら災禍も含めあらゆる出来事はすでに神が定められているという立場にとって、そしてイスラームを生きる者にとっては、「介入」というコンセプトは必ずしも関連性の高いアジェンダとはならないからだ。それにもかかわらずなぜ神義論が語られなければならないのかという問いは「知識人層」と「大衆」とのリアリティの足場の差異を示唆するように思われる。

(10)「長老，年輩者の意．単独あるいは個人名との組合せで，敬意の対象となるさまざまな人物に対して，呼びかけや言及の言葉として用いられる……宗教的な文脈では，徳高いウラマーやスーフィー・聖者への敬意の表現として使われる．（赤堀雅幸）」『岩波イスラーム辞典』。

(11) 一三世紀のウラマー Bayḍāwī によって書かれた *Anwār al-Tanzīl wa-Asrār al-Tāwīl*（英題 *The Lights of Revelation and the Secrets of Interpretation*）。

(12)「シアクアラ」という名で知られるこのアチェ人ウラマーの墓所については、p. 78 を参照。

(13) アラビア語で「想起」や「回想」を意味する。この日モスクで行われたズィキルはシャイフ・ジブリルに導かれてアラビア語の祈りを唱和した。日常生活におけるズィキルは、時や場所を選ばず各個人あるいは集団で行われることもある。津波の記念行事や集団墓地において行われるズィキルについては次章を参照。

(14) この敬称は「先生」や「師匠」といった意味合いをもつ。

(15) このおよそ二週間前にあたる二〇一六年一二月七日、アチェ北部の Pidie Jaya でマグニチュード六・五の地震が発生し、百人以上が死傷している。

(16)『日訳サヒーフムスリム 第3巻』p. 807。ウスタズはまずアラビア語で、続いてそのハディースのインドネシア語訳を暗唱した。以降、クルアーンやハディースからの引用も同様の形で引用している。

(17) 後述するインタビューのなかでは実際にはそのような会話はなかったが、後にみる通り、それは会衆の関心を惹きつけるための挿話であると思われる。

(18) クルアーン第57章「鉄」22節。

(19) クルアーン第57章「鉄」23節。

（20）クルアーン第32章「跪拝」21節。
（21）クルアーン第2章「雌牛」155節。
（22）クルアーン第2章「雌牛」214節。
（23）筆者は二〇一六年七月、二〇一六年九月、二〇一七年六月と三度にわたりバンダ・アチェ市内でこの説教者にインタビューしたほか、二〇一六年の Idul Adha および二〇一七年の Idul Fitri における説教など、モスクや集会所で行われた礼拝に参加している。
（24）五〇〇〇インドネシアルピアは、日本円で約四〇円。
（25）*Untung* という語それ自体は、インドネシア語である。
（26）クルアーン第89章「暁」16節。
（27）クルアーン第2章「雌牛」216節。

第2章

（1）とはいえ木村（2009）が指摘するように災禍の原因やその背後にある神の意図を明確に主張する言説にはしばしば批判が寄せられる。たとえば二〇一六年五月に「アチェの津波が起きた理由 *Sebab Terjadinya Tsunami di Aceh*」と題された説教が、YouTube 上にアップロードされた。津波の原因がマリファナを常用してきたアチェの罪にあるとの見方を示したこの説教者は多くの批判にさらされ、その後謝罪動画を YouTube 上にアップロードしている（*klikkabar.com* http://klikkabar.com/2016/06/20/akhirnya-dr-khalid-basalamah-resmi-sampaikan-permintaan-maaf-rakyat-aceh/, 2017.10. 30）。
（2）ナングロ・アチェ・ダルサラーム州（現アチェ州）編集の証言集（Nanggroe Aceh Darussalam（ed.）2005）など。

（3）Idria によれば、西洋的概念としての神学の類義語である Kalām は「イスラームの諸原則を『疑いの余地のないものとし、信仰を確証するため』」（Idria 2010: 7）の「弁証の道具」として発展してきた。

（4）イスラームにおける「災厄」を指す言葉として *sū* や *sharr*、*balā* や *muṣība* などがあるが、Idria によればそれらはいずれも「神学的目的達成のため」、（神からの）「メッセージを伝える方法」（Idria 2010: 15）という宗教的理解が前提とされている。

（5）ギリシャ哲学の影響を受けたムゥタズィラ派は、聖典におけるテキストよりも理性による論証を重視したとされるが、スンナ派から異端視され現在は消滅している（松山 2016: 29）。

（6）ただしイスラーム研究者の Mohammed Ghaly（2008: 59）によれば、ムゥタズィラ派のなかにあっても災厄と懲罰を直接結びつけることを否定する見解が存在するという。

（7）「神の絶対主権、全能性（クドラ）を立証するために」（松本 2002: 252）アシュアリー派で展開された理論。後述するウスタズは、この概念を次のようなメタファーによって説明する。すなわち神は人間に口を与えられたけれども、善いことにであれ悪いことにであれ、それをどのように用いるかは人間に委ねられている、と。人間は、神によって創造された能力を「獲得」しているに過ぎず、そうして獲得された能力にもとづいて人間は行為する。この限りにおいて「神の全能性を保証しつつ、かつ行為主体としての行為者の責任を明らかに」（前掲）し、宿命論と自由意志を調停することが可能となるという。

（8）その後、一八七三年から三〇年にわたりオランダの植民地化に抵抗したアチェ戦争では、ウラマーによって聖戦と位置づけられ、激しい抵抗運動が続けられた。またオランダからの独立戦争（一九五四～一九四九年）、イスラーム共和国建設を求めたダルルイスラーム運動（一九五三～一九六二年）、そしてインドネシア共和国からの分離独立を求め一九七〇年代から三〇年間にわたり展開された武力闘争、いずれにおいてもアチェのイスラーム化というテーマがその運動に反映されていた。ただし独立国家を目指した自由アチェ運動（*Gerakan Aceh Merdeka*）の一九九八年以降の運動過程では、イスラームという要素が戦略的に弱められていったとされている（Aspinall 2007）。

（9）クルアーン第7章「高壁」96－99節。

（10）代表的なものはクルアーン第93章「朝」の以下の記述。六歳で自身も孤児になった預言者ムハンマドに対し、「彼はおまえが孤児であったのを見出し給うたではないか、そして庇護し給い、そしておまえが迷っているのを見出し、導き給い、そしておまえが窮乏しているのを見出し、裕福にし給うた。それゆえ、孤児については虐げてはならない。そして乞う者については、邪険にしてはならない。」（『日亜対訳クルアーン』：652）と命じられている。そのほかハディースでも孤児の面倒をよく見る者の来世における祝福が約束されている（『日訳サヒーフムスリム 第3巻』：799）。

（11）Samuelsによれば、クンドゥリを開き *Anak Yatim* を招くことは、「死者との関係を維持し、死者の霊を満足させる」（Samuels 2012: 148）という。

（12）'*La ilaha illallahu*（アッラーのほかに神はいない）と信仰告白を一〇〇回唱えるこの祈りは「十人の奴隷を解放するに等しい報酬が約束される。そして百度の善行と記録されると共に、百の過まちが彼に関する記録簿から消される。また、この言葉は、その日の夜まで、シャイタン（悪魔）からのお守りとなる』とハディースに記載されている（『日訳サヒーフムスリム 第3巻』：604）。

（13）二〇一五年一一月一二日、バンダ・アチェ市内でインタビュー。

（14）二〇一五年一一月一三日、バンダ・アチェ市内でインタビュー。

（15）北アチェ県ロクスマウェ（バンダ・アチェに比べれば小規模の津波被害があった地域）出身のこの説教者は、幼少よりイスラーム寄宿学校 *pesentren* で学び、その後スンナ派の最高教育機関であるエジプトのアル＝アズハル大学で高等教育を受け、二〇一一年からバンダ・アチェ市に移住している。なお、この説教者は二〇一五年に続いて、翌年もアチェ州主催のズィキルで説教を州から依頼されている。このことは彼の前年行った説教が好意的に捉えられたことを推測させる。

（16）引用箇所は（『日訳サヒーフムスリム 第3巻』: 63-64）を参照。説教者はまずアラビア語で引用したのちに、インドネシア語でその意味を説明した。ただし上記箇所からの正確な直接引用ではなく、様々なハディースから集められた殉教者の説明となっている。
（17）この説教者に後日インタビューしたところ、「もしほかの人が説教を引き受けても同じようなことを言ったと思う」と述べている。
（18）たとえば Samuels がインタビューした女性の一人は、子を亡くし泣き続ける母親に対して「神はまだ無垢なその子を愛していたがゆえに連れて行かれたのよ」（Samuels 2012: 126）と慰めたという。
（19）二〇一六年七月三日、バンダ・アチェ市内で Yusny Saby 氏（アル・ラニリー国立イスラーム大学の元学長）にインタビュー。
（20）人類学者の James Siegel は、「もし誰かが悲嘆に暮れているのをウラマーが見たなら、彼はすぐさま怒りにかられるだろう」（Siegel 2000（1969）: 107）という語りを紹介している。この記述からは、一九六〇年代のアチェにおいても、悲嘆に暮れることが「罪深い」（ibid.: 107）振る舞いとみなされていたことが確認される。またこの点については、二〇〇七年頃にバンダ・アチェでフィールドワークを行った Samuels もまた「敬虔と悼みの並置」として言及している。アチェでは「すべては神の御手のなかにあり、われわれすべてが神の御許に帰るのだから、悼み悲しむべきではない」（Samuels 2012: 113）と多くの人が考えており、それは「敬虔」という概念と結びつき「悼み悲しむことの可能性を制限する規範として働いている」（ibid.: 113）と指摘している。

第3章

（1）ただしリーゼブロートは、この定義によってすべての宗教を捉えうると主張するわけではない。史料中心の限られた検討の結果、少なくとも——とりわけ東アジアの宗教を含めた——諸宗教を比較分析することのできるような理論枠組みを構築しえたと述べているにすぎない。

（2）その代表として人類学者タラル・アサドや宗教学者チジェスターによる宗教概念批判（Chidester 1996）をあげることができよう。アサドは「宗教」という概念が、近代西洋社会という個別の時空間において成立した「言説の過程における歴史的産物である」にすぎず、それゆえ「宗教の普遍的定義というものは有り得ない」と喝破する（Asad 1993=2004: 34）。さらにポストコロニアリズムと呼ばれる諸研究においては、「宗教」という概念それ自体が植民地主義の権力関係のなかで、非西洋社会の「宗教」を構築してきたと指摘される（King 1999 など）。近代日本における宗教概念批判論としては、人類学者関一敏（註（3）参照）のほか、宗教学者の磯前順一による研究（磯前 2012）をあげることができる。

（3）たとえば人類学者の関一敏は、エリアーデの記した神道学者による神道の説明（「私たちには神学はありません。私たちは、私たちは……踊るのです」）に触れながら、ビリーフ（信）とプラクティス（行）の組み合わせとしての宗教理解では、日本の宗教事情を捉えることができないと指摘する（関 2002: 283）。さらに戦後「神道指令」に応答する形で、神道が「宗教」化したことを示唆しつつ、その「史的力学を微細に追うこと」を比較宗教学の第一の課題としてあげている（関 1997: 36）。

（4）リーゼブロートの宗教論のなかで、彼がとりわけ目を向けるのは、宗教的達人や知識人によって制度化された世界観＝神学ではなく、大衆の実践である。その際、大衆がそれらの実践の背後にある教義体系や世界観を正確に理解しているかどうかは重要ではない。彼らにとっては、規定された実践の誤った遂行やその省略が否定的な結果を生じさせることを知れば十分であるという。逆に言えば、彼らはそれぞれの宗教的実践がもたらすはずの積極的な結果を十分に知っている。そうした意味において、宗教的達人ではなかったとしても彼らは適切に彼らにとって意味ある方法においてそのような実践に参加し遂行することができるという（Riesebrodt: 93–94）。

（5）というのは、前者の主知主義的アプローチが、宗教を言語によって構成される言説の体系として把握する点で、それは文化的境界を超えることができないからである。また後者の主観主義的アプローチにおいては、第一に多くの宗教的実践が無反省に遂行されており、第二にたとえ儀礼の意味を語ることのできるインフォーマントがいたとしてもその説明はその時々の文脈や説明する相手によって可変的であるばかりでなく、第三にそれらの解釈が事後的に形成されることから、一般概念としての宗教に到達することはできないという。

（6）教祖、聖典、信徒、教会・社寺といったいわゆる一般的に宗教とみなされる社会制度をリーゼブロートは「宗教的伝統」と呼び、救いを約束する実践そのものではなく、その制度化として捉えた。

（7）リーゼブロートの宗教論が、言説／実践という二項対立図式をナイーブに措定しており、「実践の体系」として宗教を名指すことそれ自体による言説の生産過程に考察が行き届いていないと批判することは可能である。またそうであるかぎり、〈言説〉の体系としての宗教概念批判論への反批判が成功しているとはいえない。ここで、アサドの述べる言説《ディスクール》概念とリーゼブロートの批判対象である〈言説〉概念が必ずしも一致していない点は注意しなければならない。アサドにおける言説とは、実践と分かちがたく結びついた規律―訓練を含む総体であり、この意味でリーゼブロートの述べる言説／実践という二元論には還元しえない内実を備えているといえよう。実際、言説としての宗教概念を徹底的に批判した前掲書の第二章において、アサドは近代的な宗教概念によっては捉えられない宗教体験のあり方について触れている。アサドは中世キリスト教における台本《スクリプト》あるいは指示書《マニュアル》としての儀礼に言及し、「外面における行動」と「内面における動機」が結合した、デカルト的二元論を逃れうる宗教の実践的基盤を示唆している。この点を踏まえればリーゼブロートとアサドの議論は必ずしも対立的に捉えることが適切であるとはいえない（Asad 1993=2004: 70）。

（8）ヴェーバー自身は宗教の「本質」を定義しようとしてはいないし、リーゼブロートもまたそのことを認識している。リーゼブロートは、ヴェーバーは「特定の種類の社会的行為の条件と効果」にかんする限りにおいて宗教に関心を向けたにすぎない（Riesebrodt 2012: 66-67, ヴェーバー 1976: 3）。

（9）リーゼブロートは一九九〇年から二〇一一年までシカゴ大学神学部および社会学部に教授として在籍した。*History of Religion* 誌はシカゴ大学神学部の発行する雑誌である。

（10）ヴェーバーは、おそらく「人間存在の諸々の二律背反に堪えること、そしてさらに渾身の力をもって一切の幻影を抱かぬ冷徹さを得、しかもなお自己の理想の不壊とその理想への献身の能力とを保持することを自分の課題とみていた」（ヴェーバー 1965: 507）とマリアンネは述懐している。

（11）苦難の神義論の不可能性は、それが普遍化不能な言説の体系であること以上に、それがしばしば「救いの約束」どころか潜在的には「呪い」ともなりうる点にある。詳しくは次章で論じる。

（12）「行動」によって救いが知りうるとする立場は、全知全能の神からすれば「不遜な試み」（ヴェーバー 1989: 173）にほかならない。

第4章

（1）二〇一六年七月、バンダ・アチェ市にて。長年アメリカでシャリーアの研究に従事して学位を取得し、またインドネシア政府と自由アチェ運動の和解のために尽力し尊敬を集める人物である。

（2）ことほどさように、二〇〇四年の津波は決して単一の意味に還元されるものではなく、ある人にとっては「試練／警告」であり、その他の人にとっては「懲罰」であるとイマームはいう。実際のところ、愛する家族を失った者にとって「それ（津波）は懲罰以外の何ものでもなく、この世の地獄である」とさえ述べる。それにもかかわらず、このイマームは津波が神からの「警告／試練」であったと遺族に語るであろう。

（3）震災発生日に集団埋葬地を訪れるムスリムと思しき多くの人びとは家族でやってきて——亡くなった家族がどこに埋葬されているか判明しないため、多くの人びとは幾つかの埋葬地を祈って回る——、遺体が埋められた場所に向かってクルアーンのヤー・スィーン章を読みあげる姿が多くみられた。

（4）ウレレーの集団埋葬地の門扉などのデザインについては西（2014: 171-173）を参照。

（5）津波のあと、アチェ人男性と結婚した中国系の女性がムスリムとなった事例は、つとに報告されている（Srimulyani 2017）。けれどもその人たちは元々属していたエスニックコミュニティから排除される一方で、アチェ人社会に受け入れられることは容易ではないという。

（6）この点にかんし救いの約束論は、「責任倫理」というよりは「心情倫理」（中山元はこれを「信条 *Gesinnung* 倫理」と訳す、ヴェーバー 2009: 131）に傾き過ぎている嫌いがあると思われる。

（7）ただし「祈りの集い」においては、聖書朗読を行ったプロテスタント教会牧師のみが海に背を向けて参加者全体に向けて説教を語っている。

（8）この点について先述のコナトンは、記念式典はまさに形式的であるからこそ、数十年にわたって反復可能なのであって、この形式性と遂行性こそが、過去の出来事に連続性と持続性を与えるのだと主張し、儀礼を通じた集合的記憶への実践的アプローチを強調する（Connerton 1989=2011: 78）。

第５章

（1）イギリスの文化・メディア・スポーツ省は、二〇〇五年に新しく災害対応部（Disaster Response Unit）を設置した。Eyre（2007）によれば、この部署は、元々ダイアナ妃の公葬の準備に際して設置され、その後バリや九・一一におけるテロの後に開催された公式の記念式典の挙行に際して大きな役割を果たしてきたのだという。

（2）一九九四年九月二八日にバルト海で起きた海難事故。九〇〇人近い人びとが命を落としこのうち五〇〇人以上がスウェーデン国民だった。

（3）スウェーデンでは、一九九五年に政教分離が決議され、スウェーデン国教会は二〇〇〇年に国教会の歴史を閉じている。二〇〇〇年時点において一〇人中九人がスウェーデン国教会に所属する一方で、定期的な礼拝参加者は一割前後しかいないという。

（4）別のところでポストは、彼らを“arm-chair experts”（ibid.: 185）と表現する。儀礼「論」の専門家たる「儀礼の権威」と比べ、「儀礼の熟練者」はむしろその実践やパフォーマンスの専門家である。

（5）福田（2014）を参照。

（6）第2章でみた通り、それは公的領域と私的領域の分離を前提としたうえで、後者にのみその役割を許容する「世俗主義」の一バリエーションである。そこでは前者の公的領域に宗教が果たす役割があるとしても、それは「復興を至上命題とし、それに適合する（中略）要素のみを公的枠組みのなかで許容」（堀江 2015: 215）するかぎりにおいてのみである。

（7）南三陸森林管理協議会は二〇一五年に国際認証「FSC（森林管理協議会）」を取得。また戸倉では牡蠣の養殖事業について「ASC（水産養殖管理協議会）」という国際認証を二〇一六年三月に取得している。いずれも日本初である。

（8）長崎市の原爆慰霊平和記念式典においては、一九五二年に「あの子らの歌」という歌が、山里小学校児童によって歌われている。そのほか阪神淡路大震災を記念する一・一七の集いでは、「幸せ運べるように」という歌が献歌されている。

（9）各小学校から与えられたワークショップの時間は、作詞作曲に二時間、練習に一時間、合計三時間であった。ワークショップの後の練習は、各小学校の教員がそれぞれ引き継いだ。ある小学校では、自分たちの町のきれいなところ、いいところについてそれぞれ意見を出し合い歌詞が編まれた。ほかの小学校では、この一年がんばったことや、幸せだと思ったことを書き出して歌詞が編まれた。その後、生徒たちはそれぞれ音符が書かれたカードを選び、ランダムに並んで出来た音符の連なりを音楽家がメロディーとして構成した。山間の比較的被害の少なかった小学校では、震災の経験ではなく「未来の自分」というテーマで詞と曲を作った。またある小学校では、歌ではなくボディーパーカッションで音を奏でることにした。震災の四カ月後、ブロードウェイの俳優を招いたワークショップがアートディレクターによって開催されて、そこで子どもたちは身体を使った音遊びを学んだ。大好きになったボディーパーカッションを生かしつつ、この小学校では聴診器でお互いの心臓の音を聞き合い、一つのリズムを作りあげたという。こうして「未来を歌に」と題して、町内五校の小学校児童による曲作りが完成した。ワークショップの様子は、Envisi ホームページを参照。

（10）二周年の追悼式では「はるかな友に心寄せて」と題して、志津川高校の生徒によって作詞された歌が披露された。

（11）「きりこ」は、一九七二年に宮城県神社庁が『宮城県神社きりこ写真集』を発刊するときに、呼称が定められたと推察されるが、町内に伝承切り紙を指す一般的総称はない。

（12）それゆえ町民のあいだでも当初「きりこ」を軒先に飾るとき、「神様のものなのに恐れ多い」という声があったという。

（13）吉川（2011）p. 42-43。

（14）「きりこプロジェクト」について相談にいったとき、町内中心部にある神社の宮司は当初「ぶすっとしていた」という。しかし「きりこ」がいざ飾られると、連日のように自転車で見て回ったという。元々中学校の美術の先生であったこの宮司は、その後石巻の雄勝石に白いペンで蔵のある家の並びを綺麗に描いたものを「これも空き店舗に飾りなさい」と持ってきたという。二〇一五年に町内の神社を聞いて回った調査でも、「きりこプロジェクト」に明確に反対の立場を示す宮司はいなかった。もちろんそれは各神社の伝承切り紙と「きりこ」を混同しないという前提において。

（15）きりこプロジェクトがきっかけで、女性たちがさらに集まり、その後「Asian Day」という企画が開催された。そこには中国や韓国、フィリピンから嫁いできた女性らも参加した。

(16) そうして作られた「きりこ」のなかには、震災前の記憶をたどりながら新たに創作されたものもあった。ある電気店の「きりこ」には、仕事道具の「ペンチ」、店先の「ラベンダー」、そして店の棚で丸くなっていた「白猫」が切り抜かれている。店主の奥さんは、地震のあと店の二階にその猫をあげて「しばらく来られないかもしれないからね」と声をかけ避難したという。当時誰も想像することのできなかった高さで襲ってきた津波によってこの店も流されることとなった。この「きりこ」を持っていくと彼女は涙を抑えることができなかったという。

(17)「きりこボード」は当初九月一一日までの二週間設置する予定だったが、町民の声に応じる形でその後半年以上、かさ上げが始まるまで据え置かれた。また当初二週間の設置予定だったが、基礎が撤去されるときには、地元の建設会社の社長が「きりこボード」を移設しながら壊れないよう工事を進めるよう配慮したり、修繕してくれたという。町もまた災害ボランティアセンターにかけあって草刈りをし、ボードがかくれないようにしてくれたという。町民のなかには「家が建づようりうれしいってば」と泣いて喜んだ人もいたという(吉川 2015: 42)。

(18) 二〇一二年一〇月三一日インタビュー。

(19) 二〇一五年一〇月二二日インタビュー。

(20) 当時自衛隊は志津川中学校の校庭の一部に駐屯し炊き出しなどを行っていたが、自衛隊員がこうした行事に参加することは極めて稀であったという。

(21)「南三陸の海に思いを届けよう」の中継映像は、以下のURLで確認することができる。5.11 (http://www.ustream.tv/recorded/14623390)、6.11 (http://www.ustream.tv/recorded/15303149、http://www.ustream.tv/recorded/15304147、http://www.ustream.tv/recorded/15304182)、7.11 (http://www.ustream.tv/recorded/15929127)、8.11 (http://www.ustream.tv/recorded/16569285)。

（22）「静かに夜が明けてゆく、白い月が遠のく、深い悲しみに沈んだ闇に閉ざされた夜、心の鉛ひとかけら月になる涙なら、訪れる朝陽は光る、今ここから生きてゆこう、新しい時が流れて、白い月を動かす、悲しみの殻を溶かして少しだけ前へゆく、苦しみを小船に乗せて時の河に流せば、密やかないのちが灯る、今ここから生きてゆこう」

（23）南三陸町町長は、毎回非公式ながら参加していた。五月一一日に行われた「南三陸の海に思いを届けよう」の挨拶では、「苦しみに負けることなく、どんな壁にぶち当たろうとも、一歩一歩復興のために前に進むことこそ、あの日以来会うことができなくなったかけがえのない方々の口惜しさに報いることだと考えるように」なったと述べ、「目の前に広がる志津川湾に、その思いを届けたい」と締めくくった。

（24）この被調査者は、大学卒業後大学院に進学していた。

（25）儀礼研究者の Ronald Grimes は *Disaster Ritual* 第４章第２節において、自身の経験も踏まえた九・一一同時多発テロをめぐる儀礼の考察を展開している。Grimes はテロの直後、自身の教える通過儀礼のクラス内における一つのエピソードを紹介している。その授業では、自分にとって意味ある方法で死者を悼む儀礼を作りだすワークショップを行ったという。その際、いかなる儀礼も「創られた伝統」であると述べたうえで、Grimes は次のように述べた（Post et al. 2003: 212）。「アメリカ人であれ、イギリス人であれ、カナダ人であれ、世界中の人びとが、彼らの感情と政治的信条を身振り手振りや儀礼的言語に置き換えることに苦慮している。もし誰かの政治的信条や宗教性に引きずられたくないならば、残された選択肢は、信頼できる一つの伝統に自身を委ねるか、そうでなければ、想像力を用いて自分自身を演じるよう突き動かすものについて形を与える（choreograph）しかない。」ここで Grimes が示唆するのは、「儀礼のエキスパート」の「振付師（choreographer）」ないし「演出家（director）」という側面である。

（1）中国新聞などの報道写真をみるかぎり、広島市における儀礼は、その初期より舞台から客席に向けて行われており、儀礼の変遷という点では大きな変化がみられない。それには、いくつかの原因が考えられる。第一に広島が世界初の被爆都市というラベルのもと社会的関心が集まりやすかったこと、第二に広島が長崎に比べてアクセスが容易であり、特に東京オリンピックの年に多くの国内外からの参列があったこと、第三に市の原爆慰霊においては、早くから宗教色を一切排除するという姿勢が徹底されてきたことがあげられる（末木 2007: 88–91）。
（2）市内五カ所から汲み出した湧き水を入れた桶を死者に捧げる儀礼的行為。水を欲しながら命尽きた多くの御霊に対しての慰めを目的としている。一九七〇年より式典のなかで始められ、その後広島市の「原爆死没者慰霊式並びに平和記念式」でも行われるようになった。
（3）一九四五年九月一八日、磨屋国民学校校庭にて神式で行われた。祭主：岡田市長、齋主：菅宮司、閉式後は祭壇にて一般参拝。
（4）一九四五年一二月、神道指令発布。
（5）当時葬祭などで用いられていた白と黒の縦縞の幕。
（6）遺族有志による慰霊祭挙行にかかわった杉本亀吉は、「ささやかでもよいから我々の手で慰霊祭を行うことに決心した。この気持は私等でなければ理解できぬことであるかも知れぬ。何万という死体が引き取り手もなく雨風にさらされて散乱していた無縁の魂が爆心地にさまよっていると思うからである」（杉本 1972: 102）と述べており、そうした遺骸を前にした直接的経験にもとづく「われわれ」という主体性をもとに慰霊祭が開かれたことが推察される。

（7）四條知恵によれば、「占領期以来、カトリック教会が反共姿勢を明確にするなかで、浦上のカトリック教徒にとって「アカ」と呼ばれることは、信仰を否定されることと同義であった」（四條 2015: 162）。政治的運動とカトリック信者のかかわりが限定的であったことの背景である。

（8）式典の名称は、原爆犠牲者法要並びに平和祈念式典（一九五二年）、原爆犠牲者供養並びに平和祈念式典（一九五三年）、原爆犠牲者慰霊並びに平和祈念式典（一九五四年）、原爆犠牲者慰霊平和祈念式典（一九七三年）と名称が変化していった。ここに平和というキーワードが次第に死者の慰霊とともに重要なテーマとして強調されていく様子が認められる。

（9）合図とともにくす玉のひもを市内学生代表が引っ張り、中から鳩が飛びだすというもの。

（10）一九六五年提訴の津地鎮祭訴訟、一九七三年提訴の自衛官護国神社合祀事件、一九七六年提訴の箕面忠魂碑訴訟など。

（11）ここで公共的な場から排除された宗教者は、平和公園横にある落下中心地公園にて原爆殉難者慰霊祭を始めている。そこでは神道、仏教、キリスト教、新宗教などによって構成される宗教者連盟により、落下中心地のモニュメントに立てられた「原爆殉難者之霊」と書かれた標柱に向かって各宗派が宗教的儀礼を行っている（野火 1994）。

（12）吉見俊哉によれば、「商品世界のスペクタクル的消費の場としてのメディア・イベント」という視点は、従来の人類学的儀礼研究で見逃されてきた点であり、それら「グローバル化する資本の増殖過程を統合的に把握することが、メディア・イベントとしての儀礼の理解に不可欠」（吉見 1994: 156）である。

（13）むろん国民、市民というラベルで一面的に捉えることで捨象される多様な行為主体に注意を怠ることはできない。ましてや一九七〇年代まで朝鮮半島出身者をはじめとする外国人被爆者が除外されていた事実を見逃してはならない。これらの多様な主体が捨象された「われわれ」を取り扱っている点から、本章は儀礼による統合的側面しか捉えられていないという批判は予想される（粟津 2007）。しかしながら、本章は儀礼の本質である曖昧性・多義性がいかに公共の場で行われる集合的儀礼において、社会を構成する諸アクターの包摂にかかわるかという関心に集中しており、そうした人びとの内在的観点からの追加調査が今後求められる。

(14) 二〇〇九年一二月四日、長崎原爆資料館にてインタビュー。七〇代、女性。

終章

(1) 廣松渉ほか編一九九八『岩波哲学・思想辞典』岩波書店、p. 377。

(2) ところでこの因果的必然と目的的偶然の結びつき、あるいはその反対である因果的偶然と目的的必然の結びつきを、後述する九鬼周造は「異種結合」と呼ぶ。「目的的偶然が人間の全存在を威圧するごとき場合」、それは「容易に因果的必然と異種結合する」。九鬼によれば、近代的科学観を前提にした還元主義的な災因の遡及は、目的的偶然に対して因果的必然性をうち立てようとする。他方、目的的必然と因果的偶然の結合例としては、キリスト教における処女降誕譚がそれにあたる。処女降誕という因果的偶然性は、人類の救済という目的に照らすかぎりにおいて目的的に必然化される(九鬼 1935: 291)。

(3) この点は、戦死者の慰霊・追悼にかんするいくつかの研究と問題意識が重なるように思われる。たとえば戦死者の慰霊・追悼とナショナリズムの関係を社会学の立場から研究してきた粟津は、今後の集合的記憶論が扱うべき領域として死をめぐる「語り」の意味生成という側面に注目する。それは過去の記憶・表象をめぐる権力関係への視点を確保しながらも、むしろ「語ることによって何が行われているのか」(粟津 2010: 234) という「過去の用法」に重点を置くアプローチである。粟津は戦死者を顕彰する忠霊塔などのモニュメントを検討するとき、「忠霊塔とは何か」という本質論的問題ではなく、「忠霊塔がいかに語られてきたのか、また忠霊塔が(ある歴史的・社会的文脈のなかで)いかに用いられてきたのか、をこそ問うべきである」（粟津 2008: 75）と強調する。語りを一つの行為として、その語用論的側面において捉えるというこの視点は、保存された過去の集合的記憶（むしろここでは「記録《レコード》」といった方が適切であるように思われるが）の再現ではなく、何らかの語りや儀礼的行為によって記憶が形成されるという、「想起／記憶実践（mnemonic practice）」（Olick 2007）の観点から慰霊・追悼に接近するという方向性を示唆する。記憶を何らかの行為として、あるいは様々な行為を促す実践として捉えようとする視点は、西村明の指摘する方向性でもある。西村は二〇〇八年に開催された国際シンポジウム「非業の死の記憶――追悼儀礼のポリティクス」において、記憶という語のもつ「現在から過去への志向性（後ろ向きの時間感覚）」（西村 2010: 100）によってのみ、慰霊という実践を捉えるべきではないと主張する。西村は、長崎市における万灯流しや岡正治牧師の「長崎市原爆朝鮮人犠牲者追悼碑」の建立などの事例にみられる、死への応答としての諸実践を紹介し、非業の死を遂げた死者の無念が、生者に何らかの行動を促し、また生者がその求めを引き受けていくという未来に向けた動態的側面に目を向ける。そして「もし、このように死者との向き合い方をとおして、生者と死者との間に共通の歴史的基盤が想定され、生者が問題解決に向けたプログラムへの取り組みを迫られるような態度にもあえて『記憶』という表現を用いるとするならば、私はこれをパフォーマティブ（行為遂行的）な記憶と呼んでおきたい」（前掲）と述べる。死者と向き合う行為を遂行することによって記憶が立ち上がるというこの視点は、慰霊・追悼を「死者そのものの記憶の内的な処理、あるいは過去志向の『喪の作業』として行われているのではなく、未解決の課題や亡くなった当人の遺志などを過去から引き受け、それを未来へと向けた実践へとつなぐ側面」（前掲：101）において捉え返すことを可能とさせる。慰霊・追悼という概念を本質化することなく、行為の側面においてその遂行性や動態性を明らかにするこれらのアプローチは今後を検討するべき重要な課題を含んでいる。

謝　辞

インタビューの場面を何月（ときには何年）もあとに思い出して、そのときの話者の意図に気づき、思わず頭を抱えることがある。何度読んでも今ひとつよくわからなかった本や論文が、それ以外ないような位置づけを自分の構想のなかでもっていたことがのちにわかることもある。もしそうと知っていたならば違う道程を辿っていただろうと思い返すような調査もあるし、かえって知らなかったからこそ恥をかきつつ失敗しながら書けたこともある。予期せぬ邂逅、勘違いやすれ違い、そして未だに理解が追いついていないことがらのからまり合いを、暫定的にではあるけれど一つの形としてまとめたのが本書である。

おぼつかない足取りで進めてきた研究生活だったからこそ、その道すがら関ってくださった方々へは感謝の言葉もありません。学部と大学院修士で指導してくださった大村英昭先生、会社勤め一年目より育ててくださった清水光憲課長。お二人にはできれば存命中に本書をお見せしたかった。直接お礼を申し上げることはできなくなりましたが、感謝の気持ちをここで表したく思います。博士課程以降、指導してくださった厚東洋輔先生には返しきれない学恩を受けました。博士学位論文の主査を引き受けてくださった陳立行先生にも心よりお礼を申し上げたく思います。また特別研究員として受け入れてくださった木村敏明先生は、手探りで進めたインドネシアの調査研究を支えてくださいました。高倉浩樹先生は私の視野と研究の幅を押し広げていただくとともに本書を執筆する環境を与えていただきました。ありがとうございました。本書の元となった論稿や研究計画書、本書の草稿にアドバイスやコメントをくださった先生や先輩方にもこの場で感謝を表したく思います。

慰霊祭や追悼式にかんする取材や問い合わせは、これまであまりなされたことがなかったことから、ご協力いただいた方々には少なからず戸惑いを与えてしまうこともしばしばでした。調査にご協力いただいた方々に心より感謝申し上げます。長崎市、石巻市、南三陸町といった役場の方々には資料の提供など大変お世話になりました。インドネシア・アチェ州文化観光局長のラマダニ氏にも大変お世話になりました。このほかインタビューに応じてくださった被ばく者の方々、被災者の方々、遺族の方々にも心よりお礼申し上げます。とくに佐藤良夫様、高橋一清様、吉川由美様、川島秀一先生には東北での調査に際し、大変お世話になりました。アチェでホームステイさせていただいた家族や現地を案内してくれたメックス、本当にありがとうございました。

これまでの調査や研究にかかわる支援をいただきました研究機関などにもここで謝意を示し

たいと思います。東日本大震災後の東北での調査では関西学院大学先端社会研究所に支援していただきました。またインドネシアの調査は、科学研究費補助金特別研究員奨励費（15J01697）の受給で可能となりました。また本書の刊行に際しては、指定国立大学災害科学世界トップレベル研究拠点の支援を受けました。また出版のお声がけをいただいた慶應義塾大学出版会の平原友輔様にもこの場でお礼申し上げたく思います。ありがとうございました。

最後に、これまでサポートしてくれた両親と家族に感謝を捧げます。なかでもとくに、サラリーマンを辞して大学院に進学する決断を下した僕を支え続けてくれた妻の真由美に心からのお礼を。あなたなしにはこの本を書くことも、当て所の無い生活を乗り切ることもできませんでした。

二〇一九年一二月

福田雄

初出一覧

本書は二〇一四年度に関西学院大学大学院社会学研究科に提出した博士学位論文『災禍の儀礼の社会学的考察――現代日本の慰霊祭・追悼式を事例として』をもとに、その後執筆したいくつかの論考を加え、大幅な加筆と修正を施したものである。各章は既発表の以下の論文がもととなっている。

福田雄, 2015,「書評：P.Post, R.L.Grimes, A.Nugteren, P.Petersson and H.Zontag, 2003, *Disaster Ritual: Exploration of an Emerging Ritual Repertoire*, Peeters.」『東北宗教学』11: 109–17.（序章）

Fukuda, Y., and Boret, S., 2019, "Theodicy of Tsunami: A Study of Commemoration in Aceh, Indonesia." Nabil Chang-Kuan Lin (Ed) *Exploring Religio-cultural Pluralism in Southeast Asia: Inter-communion, Localization, Syncretisation and Conflict*. Center for Multi-cultural Studies, National Cheng Kung University, pp. 227–242.（第1章）

福田雄, 2018,「苦難の神義論と災禍をめぐる記念式典――アチェの津波にかんする集団と個

人の宗教的意味づけ」『宗教と社会』24: 65–80.（第2章）
福田雄, 2014, 博士学位論文第2章「災禍のもたらす偶然性――M・リーゼブロートの宗教論をてがかりに」『災禍の儀礼の社会学的考察――現代日本の慰霊祭・追悼式を事例として』関西学院大学大学院。（第3章）
福田雄, 2018,「インドネシアと日本の津波記念行事にみられる『救いの約束』」高倉浩樹・山口睦編『震災後の地域文化と被災者の民俗誌――フィールド災害人文学の構築』新泉社, 181–96.（第4章）
福田雄, 2013,「〈研究ノート〉南三陸町における東日本大震災の慰霊・追悼行事の調査記録――海・死者・震災といかに向き合うか」『関西学院大学先端社会研究所紀要』10: 33–43.（第5章）
福田雄, 2011,「われわれが災禍を悼むとき――長崎市原爆慰霊行事にみられる儀礼の通時的変遷」『ソシオロジ』56 (2): 77–94.（第6章）

索　引

サ行

タ行

ナ行

ハ行

マ行

ヤ行

ラ行

ワ行

アルファベット

参考文献

外国語文献

Austin, John L., 1962, *How to Do Things with Words*, Oxford: Clarendon Press.〔＝1978, 坂本百大訳『言語と行為』大修館書店〕

Al-Bayḍāwī (trans. Gibril F. Haddad), 2016, *The Lights of Revelation and the Secrets of Interpretation*, London: Beacon Books.

Anderson, Benedict, 1991, *Imagined Communities: Reflections on the Origin and Spread of Nationalism*, London: Verso.〔＝2007, 白石隆・白石さや訳『定本 想像の共同体——ナショナリズムの起源と流行』書籍工房早山〕

Asad, Talal, 1993, *Genealogies of Religion: Discipline and Reasons of Power in Christianity and Islam*, Baltimore: Johns Hopkins University Press.〔＝2004, 中村圭志訳『宗教の系譜——キリスト教とイスラムにおける権力の根拠と訓練』岩波書店〕

Aspinall, Edward, 2007, "From Islamism to Nationalism in Aceh, Indonesia," *Nations and Nationalism* 13(2): 245-63.

Badan Pusat Statistik（インドネシア中央統計局）, 2011, *Kewarganegaraan Suku Bangsa Agama dan Bahasa Sehari-hari Penduduk Indonesia: Hasil Sensus Penduduk 2010*, Jakarta-Indonesia.

Beck, Ulrich, 1986, *Risikogesellschaft,* Frankfurt: Suhrkamp.〔＝1998, 東廉・伊藤美登里訳『危険社会——新しい近代への道』法政大学出版局〕

Bell, Catharine, 1997, *Ritual: Perspectives and Dimensions,* New York: Oxford University Press.〔＝2017, 木村敏明・早川敦訳『儀礼学概論』仏教出版〕

Berger, Peter L., 1967, *The Sacred Canopy: Elements of A Sociological Theory of Religion*, New York: Doubleday.〔＝1979, 薗田稔訳『聖なる天蓋——神聖世界の社会学』新曜社〕

Brierley, Peter, 2010, "Book Review of *Disaster Ritual*," *Implicit Religion* 13(1): 119-20.

Cabinet Office, 2003, *Dealing with Disaster* (3rd ed.), London: Crown Copyright.

Chidester, David, 1996, *Savage Systems: Colonialism and Comparative Religion in Southern Africa,* Charlottesville: University of Virginia Press.

Connerton, Paul, 1989, *How Societies Remember,* New York: Cambridge University Press.〔＝2011, 芦刈美紀子訳『社会はいかに記憶するか——個人と社会の関係』新曜社〕

Eyre, Anne, 1999, "In Remembrance: Post-disaster Rituals and Symbols," *The Australian Journal of Emergency Management* 14(3): 23-29.

——, 2001, "Post-disaster rituals," in J. L. Hockey, J. Katz and N. Small (eds.) *Grief, Mourning,*

and Death Ritual, London: Open University Press, 256–66.

——, 2007, “Remembering: Community Commemoration After Disaster,” in Rodríguez, H., E. L. Quarantelli and R. R. Dynes (eds.) *Handbook of Disaster Research*, Springer, 441–55.

Favret-Saada, Jeane, 1980, *Deadly Words*, Cambridge University Press.

Feener, Michael, 2013, *Shari'a and Social Engineering: The Implementation of Islamic Law in Contemporary Aceh, Indonesia,* New York: Oxford University Press.

Fuller, Steve, 2011, “Theodicy Sociologised: Suffering Smart in the Twenty-first Century,” *Irish Journal of Sociology* 19(1): 93–115.

Ghaly, Mohammed, 2008, “Islam and Disability: Perspectives in Islamic Theology and Jurisprudence,” Leiden University, Doctoral thesis.

——, 2014, “Evil and Suffering in Islam,” in Peterson, M., W. Hasker, B. Reichenbach and D. Basinger (eds.) *Philosophy of Religion: Selected Readings, 5th Edition*, Oxford: Oxford University Press, 383–91.

Glaser, Barney and Anselm Strauss, 1967, *The Discovery of Grounded Theory: Strategies for Qualitative Research*, New York: Aldine de Gruyter.

Gorski, Philip, 2011, “Review of ‘The Promise of Salvation: A Theory of Religion’,” *American Journal of Sociology* 116(4): 1384–86.

Huxley, Thomas H., “On the Physical Basis of Life,” 1868, in *Method and Results*. Vol. 1 of *Collected Essays of T. H. Huxley*, 9 vols., London: Macmillan, 1893. Reprint, Bristol: Thoemmes Press, 2001.

Idria, Reza, 2010, “Muslim Theological Perspectives on Natural Disasters: The Case of Indonesian Earthquakes and Tsunami of 2004,” Leiden University, M. A. thesis.

Jankélévitch, Sophie, 2012, “*Le Suicide* and Psychological Suffering” in Pickering, W. S. F. and Massimo Rosati (eds.) *Suffering and Evil: The Durkheimian Legacy: Essays in Commemoration of the 90th Anniversary of Durkheim's Death*, New York: Berghahn Books, 31–48.

Jankélévitch, Vladimir, 1966, *La mort*, Paris: Flammarion.〔＝1978, 仲沢紀雄訳『死』みすず書房〕

King, Richard, 1999, *Orientalism and Religion: Postcolonial Theory, India and “the Mystic East.”*, London: Routledge.

Kertzer, David I., 1988, *Ritual, Politics, and Power*, New Haven: Yale University Press.〔＝1989, 小池和子訳『儀式・政治・権力』勁草書房〕

Kushner, Harold, 1981, *When Bad Things Happen To Good Poeple*, New York: Schocken Books.〔=2008, 斎藤武訳『なぜ私だけが苦しむのか――現代のヨブ記』岩波現代文庫〕

Levinas, Emmanuel, 1991 *Entre nous – Essais sur le penser-à-l'autre –*, Paris: Grasset & Fasquelle.〔＝1993, 合田正人・谷口博史訳『われわれのあいだで』法政大学出版局〕

McKinnon, Andrew M., 2010, "The Promise of Salvation: A Theory of Religion," *Canadian Journal of Sociology* 35(3): 470–73.

Morgan, David and Wilkinson, Iain, 2001, "The Problem of Theodicy and the Sociological Task of Theodicy," *European Journal of Social Theory* 4(2): 199–214.

Nanggroe Aceh Darussalam (ed.), 2005, *Tsunami dan kisah mereka*, Badan Arsip: Provinsi Nanggroe Aceh Darussalam.

National Transportation Safety Board, 1996, *Federal Family Assistance Plan for Aviation Disaster.* 〔http://www.ntsb.gov/doclib/tda/Federal-Family-Plan-Aviation-Disasters-rev-12-2008.pdf 2013 年 7 月 15 日閲覧〕

Nelson, John, 2002, "From Battlefield to Atomic Bomb to the Pure Land Paradise: Employing the Bodhisattva of Compassion to Calm Japan's Spirits of the Dead," *Journal of Contemporary Religion* 17(2): 149–64.

Olick, Jeffrey K., 2007, *The Politics of Regret: On Collective Memory and Historical Responsibility,* London: Routledge.

Pagis, Michal, 2011, "The Promise of Salvation: A Theory of Religion," *Sociology of Religion* 72(3): 375–77.

Parsons, Talcott, 1966, "Introduction" in Max Weber, *The Sociology of Religion,* London: Methuen.

Pels, Peter, 2003, "Introduction" in Meyer, Band Pels, P. (eds.) *Magic and Modernity: Interfaces of Revelation and Concealment*, Stanford: Stanford University Press.

Pickering, W. S. F., 2004, "Theodicy and Social Theory: An Exploration of the Limits of Collaboration Between Sociologist and Theologian," in Martin, David, John Orme Mills and W. S. F. Pickering (eds.) *Sociology and Theology: Alliance and Conflict,* Leiden: Brill, 61–84.

Post, Paul, Albertina Nugteren and Hessel Zontag, 2002, *Ritualen na rampen: Verkenning van een opkomend repertoire,* Kampen: Gooi en Sticht. 〔=2003, Post, Paul, Ronald. L. Grimes, A. Nugteren, P. Pettersson, and H. Zondag, *Disaster Ritual: Explorations of an Emerging Ritual Repertoire*, Leuven: Peeters.〕

Reid, Anthony, 2005, *An Indonesian Frontier: Acehnese and Other Histories of Sumatra*, Singapore: Singapore University Press.

Riddell, Peter G., 2006, "Aceh in the Sixteenth and Seventeenth Centuries: 'Serambi Mekkah' and Identity." In Reid, Anthony (ed.) *Verandah of Violence: The Background to the Aceh Problem,* Singapore: Singapore University Press, 38–51.

Riesebrodt, Martin, 2012, *The Promise of Salvation: A Theory of Religion,* Chicago: University of Chicago Press.

Saleh, Fauzan, 2001, *Modern Trends in Islamic Theological Discourse in 20th Century Indonesia: A Critical Survey,* Leiden: Brill.

Samuels, Annemarie, 2012, "After the Tsunami: The Remaking of Everyday Life in Banda Aceh, Indonesia," Leiden University, Doctoral thesis.

Siegel, James, 2000 (1969), *The Rope of God*, Ann Arbor: University of Michigan Press.

Simko, Christina, 2012, "Rhetorics of Suffering: September 11 Commemorations as Theodicy," *American Sociological Review* 77(6): 880–902.

Soetjipto, Tomi, 2005, Aceh's Mecca Pilgrims Find Homes Washed Away.〔http://www.theage.com.au/news/asia-tsunami/acehs-mecca-pilgrims- find-homes-washed-away/2005/01/28/1106850105912.html　2019 年 9 月 1 日閲覧〕

Srimulyani, Eka, 2017, "Intersectionality of Religion and Social Identity: The Chinese of Banda Aceh (Field Notes Article)," *Contending Minorities: Exploring How Religious and Secular Forces Interact in Modern World.*〔https://contendingmodernities.nd.edu/field-notes/chinese-banda-aceh/　2019 年 9 月 1 日閲覧〕

Stern, Gary, 2007, *Can God Intervene?: How Religion Explains Natural Disaster*, Westport, Conn: Praeger.

Strenski, Ivan, 2014, "Martin Riesebrodt, The Promise of Salvation: A Theory of Religion," *History of Religions* 53(3): 313–16.

Vidich, Arthur J. and Lyman Stanford M., 1985, *American Sociology: Worldly Rejections of Religion and Their Directions,* New Haven: Yale University Press.

Weber, Max, 1921, *Gesammelte Aufsätze zur Religionssoziologie: Das antike Judentum*, Tübingen: J.C.B. Mohr (P. Siebeck).〔＝1972, 大塚久雄・生松敬三訳『宗教社会学論選』みすず書房〕

Wilkinson, Iain, 2005, *Suffering: A Sociological Introduction,* Cambridge, UK: Polity.

——, 2013, "The Problem of Suffering as a Driving Force of Rationalization and Social Change," *British Journal of Sociology* 64(1): 123–41.

Xu, Bin, 2013, "For Whom the Bell Tolls: State-society Relations and the Sichuan Earthquake Mourning in China," *Theory and Society* 42(5): 509–42.

日本語文献

芦名定道・小原克博、2001『キリスト教と現代——終末思想の歴史的展開』世界思想社。

粟津賢太、2007「市民宗教論再考——米国における戦没者記念祭祀の形態」『ソシオロジカ』31(1): 95–117。

——、2008「戦地巡礼と記憶のアリーナ：都市に組み込まれた死者の記憶——大連、奉天」國學院大學研究開発推進センター編『慰霊と顕彰の間——近現代日本の戦死者観をめぐって』錦正社、72-114。

――、2010「現在における『過去』の用法――集合的記憶研究における『語り』について」関沢まゆみ 編『戦争記憶論――忘却、変容そして継承』昭和堂。

――、2017『記憶と追悼の宗教社会学』北海道大学出版局。

飯嶋秀治、2000「儀礼論再考」『宗教研究』326: 1-24。

池上良正、2003『死者の救済史――供養と憑依の宗教学』角川書店。

石巻市、2017『東日本大震災　石巻市のあゆみ』。

磯前順一、2012『宗教概念あるいは宗教学の死』東京大学出版会。

稲場圭信・黒崎浩行編著 、2013『叢書 宗教とソーシャル・キャピタル 4　震災復興と宗教』明石書店。

井上ひさし、1987「ベストセラーの戦後史 5　永井隆『この子を残して』昭和 24 年――原爆投下は神の“恩寵”だった？」『文藝春秋』65(7): 364-69。

イマーム・ムスリム・ビン・アル・バッジャージ編（磯崎定基・飯森嘉助・小笠原良治訳)、1987『日訳サヒーフムスリム 第 3 巻』日本ムスリム協会。

ヴェーバー、マリアンネ、1965『マックス・ヴェーバーⅡ』大久保和郎訳、みすず書房。

ヴェーバー、マックス、1976『宗教社会学』武藤一雄・薗田宗人・薗田坦訳、創文社。

――、1984『職業としての政治』脇圭平訳、岩波書店。

――、1989『プロテスタンティズムの倫理と資本主義の精神』大塚久雄訳、岩波文庫。

――、2009『職業としての政治／職業としての学問』中山元訳、日経 BP 社。

内堀基光、1989「儀礼の変質：内旋とイベント化」『一橋論叢』101(2): 182-97。

Envisi ホームページ〔http://www.envisi.org/2011/　2013 年 7 月 15 日閲覧〕。

大村英昭、1987「脱世俗化と真宗信仰――異文化（現場《フィールド》）としての本願寺派」『現代社会学 23（特集＝宗教の社会学)』76-103。

――、1990「社会現象としての宗教――宗教は鎮めの文化装置」『岩波講座 転換期における人間 9　宗教とは』岩波書店、139-64。

岡まさはる追悼集刊行委員会編、1995『追悼　岡正治　孤塁を守る戦い』岡まさはる追悼集刊行委員会。

奥田博子、2010『原爆の記憶――ヒロシマ／ナガサキの思想』慶應義塾大学出版会。

片岡千鶴子、1996「永井隆と『長崎の鐘』――被爆地長崎の再建」片岡千鶴子・片岡瑠美子編『被爆地長崎の再建』長崎純心大学博物館。

片岡弥吉、1961『永井隆の生涯』中央出版社。

歸一協会編、1925「震災に關する宗教道徳的觀察」『歸一協會會報』第 13 號。

木村敏明、2009「地震と神の啓示――西スマトラ地震をめぐる人々の反応」『東北宗教学』5: 19-36。

――、2012「震災死者と宗教――インドネシア・スマトラにおける集団埋葬の事例か

ら（特集 大災害と文明の転換）」国際宗教研究所編『現代宗教』秋山書店、158-73。

九鬼周造、1935『偶然性の問題』岩波書店。

佐島隆、2016「トルコ・イズミトにおけるシェヒート şehit の碑」『地中海学会月報』289: 6。

四條知恵、2015『浦上の原爆の語り――永井隆からローマ教皇へ』未來社。

消防庁災害対策本部、2013「平成 23 年（2011 年）東北地方太平洋沖地震 第 147 報 別紙」〔http://www.fdma.go.jp/bn/higaihou/pdf/jishin/147.pdf　2013 年 7 月 15 日閲覧〕。

末木文美士、2007「戦争の死者たちとどのように向き合えばよいか――靖国・広島・長崎の問題をともに考える」『宗教と現代がわかる本 2007』平凡社。

末木文美士・池上良正・島薗進、2006「対談 死者の声を聴くこと――慰霊と追悼をめぐって」国際宗教研究所編『現代宗教』東京堂出版、393: 7-30 。

杉本亀吉、1972『原子雲の下に』。

関一敏、1997「日本近代と宗教 比較宗教学事始め（十一完）」『春秋』393: 33-6。

――、2002「宗教の近代」田中丸勝彦著・重信幸彦・福間裕爾編『さまよえる英霊たち――国のみたま、家のほとけ』柏書房。

高橋眞司、1994『長崎にあって哲学する――核時代の死と生』北樹出版。

長崎市被爆対策部編、1973『昭和四八年度版　原爆被爆者対策事業概要』。

『長崎新聞』長崎新聞社、1980 年 8 月 9 日、夕刊、一面。

『長崎民友新聞』長崎民友新聞社、1947 年 8 月 10 日、日刊、一面／ 1952 年 8 月 10 日、日刊、一面。

中村生雄、2006「〈死〉とどのように向き合うか」『思想の身体――死の巻』春秋社。

西芳実、2014『災害復興で内戦を乗り越える――スマトラ島沖地震・津波とアチェ紛争』京都大学学術出版会。

日本労働組合総連合会、2006〔http://www.jtuc-rengo.or.jp/files/20060811_150629.jpg　2011 年 7 月 29 日閲覧〕。

西田秀雄編、1983『神の家族 400 年――浦上小教区沿革史』浦上カトリック教会。

西村明、2006『戦後日本と戦争死者慰霊――シズメとフルイのダイナミズム』有志舎。

――、2010「記憶のパフォーマティヴィティ――犠牲的死がひらく未来」池澤優・アンヌ ブッシィ編『非業の死の記憶――大量の死者をめぐる表象のポリティックス』秋山書店、91-103。

――、2012「永井隆における原爆災禍――従軍体験と職業被爆に注目して（特集 災禍と宗教）」『宗教研究』86(2): 369-91。

丹羽朋子、2012「『きりこ』のある風景――再生をつかさどる被災地の切り紙細工」『季刊民族学』36(4): 44-69。

野火晃、1994『長崎からのメッセージ——宗教者懇話会21年の歩み』長崎県宗教者懇話会。

芳賀学、2007「〈研究動向〉分野別研究動向（宗教）——固有領域融解への諸対応」『社会学評論』58(2): 205-20。

弘末雅士、2004『東南アジアの港市世界——地域社会の形成と世界秩序』岩波書店。

廣松渉ほか編、1998『岩波哲学・思想辞典』岩波書店。

福田雄、2014「自治体職員にとっての3.11——支える人々を支える取り組みの必要性」『FUKKOU（関西学院大学災害復興制度研究所ニュースレター）』24: 7。

藤原聖子、2012「大震災は〈神義論〉を引き起こしたか」『現代宗教』秋山書店、46-67。

古川雄嗣、2012「苦しみの意味と偶然性——九鬼周造の偶然論再考」『人文学の正午』3:107-37。

堀江宗正、2015「震災と宗教——復興世俗主義の台頭」『震災と市民2——支援とケア』東京大学出版会、215-33。

本田安次、1931「口絵解説」『民俗芸術』第4巻第4号。

松本耿郎、2002「獲得理論」大塚和夫・小杉泰・小松久男・東長靖・羽田正・山内昌之編『岩波イスラーム辞典』岩波書店。

松山洋平、2016『イスラーム神学』作品社。

三木英、1985「『世俗化』再考」『ソシオロジ』30(2): 93-107。

——、1999「地域の復興と宗教の力——阪神淡路大震災被災地における祭りとイベント」宗教社会学の会編『神々宿りし都市——世俗都市の宗教社会学』創元社、137-58。

——、2014『宗教集団の社会学——その類型と変動の理論』北海道大学出版会。

——、2015『宗教と震災——阪神・淡路、東日本のそれから』森話社。

——編、2001『復興と宗教——震災後の人と社会を癒すもの』東方出版。

南三陸町ホームページ〔http://www.town.minamisanriku.miyagi.jp/index.cfm/10,801,56,239,html 2013年7月15日閲覧〕。

南博文・澤田英三、1990「記念の作業——危機的移行過程における象徴的行為のはたらき」『広島大学教育学部紀要　第一部　心理学』40: 139-48。

宮城県総務部危機対策課編、2015『東日本大震災——宮城県の発災後1年間の災害対応の記録とその検証』宮城県総務部危機対策課。

本島等、2000「浦上キリシタンの受難——禁教令、四番崩れ、原爆」『聖母の騎士』2000年10月号。

柳川啓一、1991『現代日本人の宗教』法藏館。

吉川由美、2011「『きりこ』と彼女たち——土着という希望（土に着く）」『ミルフイ

ユ』3: 42–7。

——、2014「芸術による被災地再生と地域振興」『地域づくり（別冊）平成 26 年度地域づくり団体活動事例集——条件不利地域の再生』306: 16–21。

——、2015「生きる力の取り戻し——南三陸町でのアート活動（2013 年研究会報告アート×ナラティヴ×災害トラウマ——記憶の紡ぎ手の役割を考える）」『心の危機と臨床の知』16: 24–49。

吉見俊哉、1994『メディア時代の文化社会学』新曜社。

黎明イスラーム学術・文化振興会編 2014『日亜対訳クルアーン——「付」訳解と正統十読誦注解』作品社。

著者
福田雄（ふくだ　ゆう）
東北大学東北アジア研究センター助教。1981年生まれ。関西学院大学大学院社会学研究科博士課程修了、博士（社会学）。主要著作として、「インドネシアと日本の津波記念行事にみられる『救いの約束』」（高倉浩樹・山口睦編『震災後の地域文化と被災者の民俗誌——フィールド災害人文学の構築』新泉社、2018）、「苦難の神義論と災禍をめぐる記念式典——アチェの津波にかんする集団と個人の宗教的意味づけ」（『宗教と社会』24、2018）、「われわれが災禍を悼むとき——長崎市原爆慰霊行事にみられる儀礼の通時的変遷」（『ソシオロジ』56（2）、2011）などがある。

われわれが災禍を悼むとき
——慰霊祭・追悼式の社会学

2020年3月14日　初版第1刷発行

著　者——福田雄
発行者——依田俊之
発行所——慶應義塾大学出版会株式会社
〒108-8346　東京都港区三田2-19-30
TEL〔編集部〕03-3451-0931
〔営業部〕03-3451-3584〈ご注文〉
〔　〃　〕03-3451-6926
FAX〔営業部〕03-3451-3122
振替　00190-8-155497
http://www.keio-up.co.jp/
装　幀——Boogie Design
印刷・製本——萩原印刷株式会社
カバー印刷——株式会社太平印刷社

Printed in Japan ISBN978-4-7664-2654-0